Ein Gruß aus der Genießerküche

Hamburger, Cheeseburger und Co. sind im Trend. Und was bislang der Inbegriff für ungesundes, fettreiches Essen ohne Nährwert war, mausert sich zu einem allseits beliebten Imbiss. Vor allem, weil die Fastfood-Gerichte frisch zubereitet werden und hausgemacht sind: Gutes Fleisch aus artgerechter Haltung trifft auf knackigen Salat, regionales Gemüse, selbst gemachte Saucen und Brot aus der eigenen Bäckerei.

Inzwischen gibt es den Burger, diese schnelle Mahlzeit zwischen zwei Brötchenhälften, in unzähligen Varianten und mit teils exotischen Zutaten. Man bekommt sie in den traditionellen Imbissbuden genauso wie in den modernen, hippen Food Trucks. Und eins ist überall gleich: Die Burger sollen nicht nur satt machen, sondern auch schmecken. Sogar die großen Fastfood-Ketten springen auf diesen Trend auf und bemühen sich darum, den Gast über die Herkunft ihrer Produkte zu informieren und sie weniger kalorienreich zu machen.

Unsere Rezepte – sowohl für die Brötchen als auch für die Bratlinge – werden Ihnen dabei helfen, Ihre Hamburger in wahre Fitnessburger zu verwandeln!

Denn wir wollen Ihnen in diesem Buch nicht nur einen Überblick über die Geschichte des Hamburgers geben, sondern unsere Lieblingsrezepte mit Ihnen teilen. Sie werden merken, es ist gar nicht schwer, einen Burger von A bis Z, sprich vom Brötchen bis zum Patty, selbst zu machen!

Wir haben jedoch nicht nur Rezepte mit Fleisch im Repertoire, sondern auch vegetarische Varianten sowie Tipps für Veganer und Low-Carb-Anhänger. Und natürlich finden Sie in diesem Band auch viele Rezepte für selbst gebackene Brötchen.

Hätten Sie gedacht, dass man einen Burger sogar zum Dessert servieren kann? Wenn nicht, dann probieren Sie doch einfach mal unser süßes Burger-Rezept aus. Wir wünschen Ihnen viel Spaß beim Nachkochen und Genießen!

Helmut Bachmann

Heinrich Gasteiger

Gerhard Wieser

Inhalt

Hamburger – der neue Trend

Hamburger sind der Inbegriff von Fast Food, den man an fast jeder Imbissbude auf der Welt bestellen kann. Er ist fix zubereitet und schnell gegessen.
In den letzten Jahren hat es der Hamburger – kurz Burger genannt – von der Straße bis in die Gourmettempel geschafft. Hier kann der Feinschmecker seinen Hunger mit sündhaft teuren Luxus-Burgern stillen, denn in der gehobenen Gastronomie werden sie gerne mit Wagyu- oder Dry-aged-Rindfleisch serviert und manchmal sogar mit Kaviar oder Blattgold verziert.
Doch zwischen dem Schnell- und dem Sternerestaurant gibt es eine große Menge guter Burger-Restaurants, in denen viele junge Köchinnen und Köche daran arbeiten, den Hamburger zu einem wahren Geschmackserlebnis zu machen. Mit ihren fantasievollen Kreationen hat das amerikanische Fast-Food-Gericht nur noch den Namen gemein.
Der Burger-Boom ist aber nicht nur in den Metropolen dieser Welt ausgebrochen. Auch außerhalb der Weltstädte hat der Burger sein Junk-Food-Image abgestreift. Burger-Restaurants schießen überall wie Pilze aus dem Boden. Es scheint, als habe sich eine ganze Generation der Herstellung von Burgern verschrieben. Durch die Verarbeitung frischer, regionaler Zutaten haben sie aus dem Fast-Food-Klassiker ein Slow-Food-Gericht gemacht.

Beliebter Imbiss

Man nehme ein Brötchen, halbiere es und packe eine Frikadelle mit Salat und Sauce dazwischen – fertig ist der Hamburger. Dass diese simple Idee einmal einen Siegeszug über den ganzen Erdball antreten würde, ahnte niemand, als dieses Gericht im 19. Jahrhundert auftauchte. Inzwischen ist er so beliebt, dass er es sogar bis nach Hollywood geschafft hat. Wohl jeder kennt die Szene aus dem Film »Pulp Fiction«, in der Samuel L. Jackson einen Durward-Kirby-Burger isst und anschließend dessen Besitzer erschießt.

WUSSTEN SIE, DASS …

- … der Name »Hamburger« fälschlicherweise mit dem englischen Wort für Schinken »ham« erklärt wurde?
- … es in Deutschland eine Vorschrift für die Hamburger-Frikadelle gibt? Im Deutschen Lebensmittelbuch ist die Zusammensetzung der Pattys geregelt: **Er darf nur aus Rindfleisch** (ohne Sehnen) **und Gewürzen bestehen.** Andere Zusätze sind nicht erlaubt.
- … es eine Hamburger Universität gibt? Unter dem Namen »Hamburger University« eröffnete McDonald's 1961 ein Schulungszentrum in den USA.

Die Geschichte des Hamburgers

Obwohl sich ganze Bücher mit der Geschichte des Hamburgers beschäftigen, bleibt die genaue Herkunft im Ungewissen. Nicht nur um den Namen, sondern auch um die Entstehungszeit bzw. den Entstehungsort ranken sich viele Legenden. Vor allem die Amerikaner, deren Lieblingsspeise der

Hamburger gehören zu Amerika wie Truthahn oder Thanksgiving (Erntedankfest).

Burger ist, reklamieren seine Erfindung für sich. Fakt ist, dass 1842 das **Rezept für ein Hamburger Steak bzw. ein Steak Hamburger Art** in einem amerikanischen Kochbuch auftauchte. Wieso es so hieß bzw. wer die Idee dazu hatte, kann heute nicht mehr nachvollzogen werden. Fest steht lediglich, dass das Steak Hamburger Art um 1870 überall in Amerika ein sehr beliebtes Gericht war.

Eine Theorie über den **Ursprung des Hamburgers** geht davon aus, dass im 19. Jahrhundert mit »Hamburg(h)beef« Rindfleisch von besonders guter Qualität bezeichnet wurde, das vom Hamburger Hafen aus nach Amerika verschifft wurde. Bereits um 1883 schreibt die New York Sun von einem Laden in New York, der Hamburger Steaks verkaufen würde, die die Leute »Hamburger« nennen und die aus rohem, fein geschnittenem Fleisch mit Zwiebeln und Gewürzen bestehen.

Nach Amerika kam das Rezept sehr wahrscheinlich durch deutsche Auswanderer. Und weil die Auswandererschiffe damals

von Hamburg aus in See stachen, wurde es Hamburger genannt. Gar nicht so abwegig, schließlich gibt es ja auch Frankfurter bzw. Wiener Würstchen.
In Hamburg gab es bereits im 19. Jahrhundert ein sehr populäres Gericht: das Rundstück warm. Dabei handelte es sich um ein Brötchen (hamburgisch = Rundstück), das mit einer Scheibe Fleisch und Sauce serviert wurde. Überliefert ist, dass dieses Gericht auf den Schiffen der Hamburg-Amerika-Linie, mit denen viele Auswanderer in die Neue Welt aufbrachen, gegessen wurde.
Rezepte für ein Hamburger Steak – Frikadelle genannt – lassen sich schon 1830 in einem deutschen Kochbuch finden, genau zu der Zeit, in der Karl Freiherr von Drais den Fleischwolf erfand, mit dem Fleisch schnell und in großen Mengen zerkleinert werden konnte.

WER HAT IHN ERFUNDEN?

In den USA streiten gleich mehrere Städte um den Titel »Heimat des Hamburgers«, und zwar Athens (Texas), New Haven (Connecticut) und Hamburg (New York). Vielleicht kamen aber mehrere Köche auf die Idee, Hackfleisch zu braten und mit Tomate und Zwiebeln zwischen Toastbrotscheiben bzw. Brötchenhälften zu klemmen.
So richtig bekannt wurde der Hamburger jedoch 1904 durch die Weltausstellung in St. Louis. Dort verkaufte ein gewisser Fletcher Davis ein Hackfleischbrötchen, das den Namen Hamburger trug und aus der Hand gegessen werden konnte. Die Besucher der Weltausstellung waren begeistert.

Die ersten Burger-Restaurants

Die Erfindung des Hamburgers Mitte des 19. bzw. Anfang des 20. Jahrhunderts war die Antwort auf die kulinarischen Bedürfnisse der Zeit. Denn durch die zunehmende Industrialisierung war die Nachfrage nach billigem Essen, dass schnell und in großen Mengen für die vielen Arbeiter produziert werden konnte, gestiegen.
Das erste Schnellrestaurant, das White Castle, wurde 1921 in Wichita (Kansas) gegründet und verkaufte seine Burger für fünf Cent. Es ist die älteste Burger-Kette in den USA.

Vom Junk Food zum Slow Food

Erst in den 1940er bzw. 1950er Jahren eröffneten die Fastfood-Ketten McDonald's und Burger King ihre ersten Läden in Amerika. Sie perfektionierten und standardisierten die Burger-Braterei, sodass das schnelle Gericht jederzeit und überall – bei gleichbleibendem Geschmack – günstig zu haben war bzw. ist.
Konkurrenz bekommen die großen Ketten seit einigen Jahren von jungen, innovativen

Köchen, die mit neuen Burger-Restaurants oder Food Trucks begeistern. Ihnen geht es nicht nur um das Angebot einer schnellen Mahlzeit, sondern um den guten Geschmack. Und weil sie alles selbst und frisch zubereiten, wächst die Burger-Fangemeinde stetig.
Das ehemals ungesunde Junk Food ist auf dem besten Weg, sich zum regelrechten Slow Food zu entwickeln.

Was gehört in einen Hamburger?

- Ein Hamburger besteht aus einem fluffigen **Sesambrötchen** (Bun genannt), in das eine Scheibe gebratenes **Rinderhackfleisch** gepackt wird.
- Das Fleisch (Patty genannt) kann entweder in der Pfanne gebraten werden oder auf dem Grill bzw. im Beefer.

FAST-FOOD-RESTAURANTS

Schätzungen zufolge soll durchschnittlich jeder Amerikaner 150 Hamburger im Jahr verspeisen. Und der Großteil davon geht beim Branchenriesen **McDonald's** über die Ladentheke. Die Erfolgsgeschichte der Fast-Food-Kette begann 1948, als die Brüder McDonald ihre Imbissbude auf Selbstbedienung umstellten, Wegwerfgeschirr verwendeten und die Speisekarte auf wenige Gerichte – Hamburger, Cheeseburger, Pommes Frites und Getränke – reduzierten. Auf diese Weise konnten sie die Hamburger-Braterei standardisieren und ihre Produkte billig verkaufen. In den 1950er Jahren expandierte McDonald's nach Europa. Heute betreibt das Unternehmen knapp 40.000 Restaurants in 120 Ländern.

Die Qualität der Zutaten macht den Unterschied.

- Zu einem klassischen Hamburger gehören **Salat, Tomaten, Zwiebeln, saure Gurken** oder Chilischoten sowie eine **Sauce** (Ketchup, Mayonnaise, Senf, Barbecue-Sauce oder Remouladensauce).
- Ein mit Käse belegter Hamburger wird **Cheeseburger** genannt.
- Da ein Burger allein nicht unbedingt satt macht, werden dazu **verschiedene Beilagen** serviert. Die bekannteste ist wohl Pommes frites, aber auch Salate, andere Kartoffelzubereitungen oder Gemüsechips passen sehr gut zum Burger-Menü.

Einkaufstipps

Damit der Hamburger auch gut schmeckt, müssen die **Zutaten von allerbester Qualität** sein. Fleisch und Gemüse sollten möglichst aus biologischem bzw. regionalem Anbau kommen. Wer keine Zeit hat, die Brötchen selber zu backen, kann sie bei einem lokalen Bäcker kaufen, der seine Brotsorten noch handwerklich herstellt. Es lohnt sich, nach speziellen Burgerbrötchen zu fragen.
Neben dem Brötchen ist die Qualität des Fleisches entscheidend. Abgepacktes, bereits faschiertes Fleisch aus dem Supermarkt sollte man eher nicht für die Herstellung eines Hamburgers verwenden. Es liegt bereits einige Zeit in Plastik eingeschweißt im Kühlregal und wird meist aus verschiedenen Fleischresten hergestellt. Beim Braten schrumpft es wegen des hohen Wassergehalts zusammen. Für einen guten Burger sollte man das Fleisch beim Metzger seines Vertrauens kaufen.

SÜDTIROLER BURGER

Auch in Südtirol gibt es inzwischen verschiedene Burger-Restaurants. Fast alle haben auf ihren Speisekarten spezielle Burger mit ausschließlich **Südtiroler Qualitätsprodukten.** Meist werden sie mit einem Fleisch-Patty aus Südtiroler Rindfleisch, Südtiroler Speck g. g. A und Südtiroler Bergkäse gemacht. Dass die restlichen Zutaten ebenfalls aus der Region kommen, versteht sich dabei von selbst!

Klassische Burger-Beilage: Pommes frites

Aufbau eines Burgers

Auch wenn die Art des Brötchens bzw. des Fleisches variiert, bleibt der Bauplan für einen Burger immer gleich.

1. Der Burger-Bun: Besonders nahrhaft und gesund sind Brötchen aus hochwertigem Vollkorn, die durch das Toasten oder Anbraten besonders kross werden. Die Brothälften werden mit Mayonnaise oder einer anderen Burger-Sauce bestrichen.

2. Der Fleisch-Patty: Frisch gewolftes und zu einem Patty geformtes Hackfleisch wird

Veggie-Pattys – die fleischlose Alternative

auf dem heißen Grill oder in der Pfanne gebraten. Der klassische Hamburger besteht aus faschiertem Rindfleisch. Gut schmecken aber auch Pattys aus Hühnchen oder Fisch.

3. **Topping:** Ehe der gebratene Patty auf die untere Brötchenhälfte gelegt wird, bekommt er noch eine knackige Unterlage aus frischem Salat (klassisch ist Eisbergsalat) und ein aromatisches Topping aus Tomate, Zwiebeln, Käse oder kross gebratenem Speck. Natürlich geht auch alles zusammen! Man sollte nur darauf achten, dass der Burger noch gut aus der Hand gegessen werden kann. Etwas Saures – eingelegtes Gemüse (z. B. saure Gurken) – und eine scharfe oder süßsaure Sauce (z. B. Chilisaucen oder Ketchup) runden den Burger ab.

Burger in allen Variationen

Bestand der Hamburger früher nur aus Rinderhackfleisch, so gibt es heute alle möglichen Burger: z. B. **Chickenburger, Elchburger, Truthahnburger, Fischburger, Veggie-Burger ...**

- Dabei wird das faschierte Rindfleisch durch Schweinefleisch, Lamm, Wild, Geflügel oder Fisch ausgetauscht.
- Für die vegetarischen Varianten werden meist Tofu, Seitan, Halloumi-Käse,

Für **Pulled Pork** wird ein Stück aus der Schweinsschulter (mit Knochen) oder ein Zuschnitt vom Hals mit einer trockenen Gewürzmischung eingerieben. Das Fleisch wird dann in einem geschlossenen Grill (am besten in einem Smoker) bei konstanten 100 bis 110 Grad 15 bis 20 Stunden gegart. Anschließend zerteilt man das butterweiche Fleisch mit einer Gabel oder einer Pulled-Pork-Klaue und vermischt die gewürzten äußeren Fleischstücke und die ungewürzten inneren mit dem Fleischsaft und einer Barbecue-Sauce.

Lachs-Pattys kann man auch einfach nur mit einem Zucchini-Carpaccio oder Salat servieren.

Portobello- oder Austernpilze bzw. verschiedene Getreidebratlinge verwendet.

- Darüber hinaus kann der Burger nach Lust und Geschmack mit jeder Art von Salat bzw. allen möglichen anderen Dingen belegt werden. Mit Rucola oder Radicchio bekommt er zum Beispiel eine würzige Note, die sehr gut zu Weißfleisch passt. Maikönig mit seinem leicht süßlichen Geschmack harmoniert dagegen gut mit kräftig schmeckendem Fleisch.
- Seit einiger Zeit ist der Pulled-Pork-Burger das Trendgericht der Food Trucks. Pulled Pork kommt ursprünglich aus den US-amerikanischen Südstaaten und bezeichnet ein Stück Schweinefleisch, das sehr lange bei niedriger Temperatur gegart wird. Es ist anschließend so weich und zart, dass man es mit einer Gabel auseinanderziehen *(pulled)* kann. Das Fleisch schmeckt süßlich und wird zusammen mit Coleslaw (Krautsalat) im Burgerbrötchen serviert.

Das Burgerbrötchen (Bun)

Zu einem guten Burger gehört ein guter Bun. Und damit sind nicht die pappigen, trockenen Burgerbrötchen aus dem Supermarkt gemeint. **Am besten bäckt man seine Buns selbst.** Der Aufwand ist zwar etwas größer, aber er lohnt sich! Bei selbst gebackenen Brötchen kann man nicht nur die Zusammensetzung bzw. die Art des Teiges bestimmen, sondern auch sicher sein, dass sie keine künstlichen Aromen oder Konservierungsstoffe enthalten. Darüber hinaus kann man das Brötchen genau auf den jeweiligen Fleischkrapfen abstimmen.

Burgerbrötchen aufpeppen

Die Wahl des richtigen Burgerbrötchens ist auch für die Präsentation wichtig. Denn das Auge isst schließlich mit!
Das Grundrezept für ein Hamburgerbrötchen kann man durch die Zugabe von Körnern bzw. Samen, Nüssen, Zwiebeln,

Das Schöne am Hamburger ist, dass man ihn mit den Händen essen kann!

Die Wahl des Burgerbrötchens hängt nicht nur von den persönlichen Vorlieben ab, sondern auch vom Fleisch. Toll sehen farbige Buns aus, bei denen der Teig mit natürlichen Farbstoffen wie Tintenfischtinte, Tomaten, Spinatsaft oder auch Rohnen (Rote Bete) eingefärbt wird. Burgerbrötchen kann man gut auf Vorrat backen und nach dem Abkühlen luftdicht verpackt einfrieren. Bei Bedarf kann man sie aus dem Tiefkühlschrank nehmen und im Backofen bei 180 Grad (Ober- und Unterhitze) kurz aufbacken.

Schokoladenstücken oder Trockenfrüchten (z. B. Rosinen), die zum Schluss in den fertigen Teig eingearbeitet werden, ganz leicht variieren. Durch die Verwendung verschiedener Toppings – Sesam, Rosmarin, Haferflocken, Kürbiskerne, Mohn, geraspelter Bergkäse usw. – können die Buns ebenfalls abgewandelt werden. Erlaubt ist alles, was schmeckt!

Farbige Buns

Der letzte Schrei in den urbanen Burger-Läden sind **farbige Buns.** Ursprünglich kommt der Trend aus Japan. Dort werden sie gerne mit pulverisierter Bambusholzkohle schwarz eingefärbt. Viele Food Trucks servieren auch hierzulande Lachs- oder Thunfischburger im schwarzen Bun. Grüne, gelbe oder rote Brötchen sind ebenfalls möglich. Die Zugabe von Gewürzen, Gemüsepüree oder Säften verfeinert zusätzlich den Geschmack des Brotes.

TIPP

Damit das **Topping** auf dem Brötchen hält, bestreicht man die Oberfläche mit Wasser oder einer Mischung aus Ei und Milch. Dadurch kleben die Körner oder Samen gut fest und die Brötchen bekommen beim Backen einen schönen Glanz. Allerdings sollte man keine hitzeanfälligen Zutaten verwenden, da sie verbrennen würden.
Wer auf Milch und Ei verzichten will oder muss, kann die Brötchen auch mit Soja- oder Mandelmilch bestreichen.

Das Färben der Brötchen lässt sich auch zu Hause leicht nachmachen. Man muss nur Kurkuma, Safran, Tomatenmark oder -pulver, Sepia-Tinte bzw. Spinat- oder Rote-Bete-Pulver unter den Teig kneten. Je mehr natürlichen Farbstoff man zusetzt, desto kräftiger wird die Farbe des Brötchens.

Tipps

- Für **vegane** Burger-Buns können Milch, Butter und Eier einfach durch Olivenöl bzw. Sojamilch ersetzt werden. Gute Alternativen sind auch Kokosfett oder Kakaobutter.
- Menschen mit einer **Glutenunverträglichkeit** können das Mehl durch eine glutenfreie Mehlmischung ersetzen.
- Man kann den Teig auch über Nacht im Kühlschrank gehen lassen. Die Kälte verlangsamt die Reaktion der Hefebakterien und der Teig bekommt eine feinporigere Struktur.
- Wenn man Vollkorn-, Roggen- oder Buchweizenmehl verwenden will, sollte man es unbedingt **mit Weizenmehl mischen.** Da diese Mehlsorten wenig Klebereiweiß (Gluten) besitzen, würde der Teig sonst nicht zusammenhalten.

Der Patty

Rindfleisch

Die wichtigste Zutat des Burgers ist natürlich das Fleisch zwischen den Brötchenhälften. Deshalb sollte man **beim Einkauf auf Qualität achten** und hochwertige Fleischstücke kaufen.

TIPP

Da **Hackfleisch anfällig für Salmonellen** ist, sollte man das Fleisch, vor allem wenn man den Patty medium gart, erst kurz vor der Zubereitung wolfen. Wer keinen Fleischwolf besitzt, kann sich das Fleisch vom Metzger faschieren lassen, muss es aber noch am selben Tag verarbeiten.

Ob vom Holzkohle- oder Gasgrill, Hackfleisch-Pattys sollten bei direkter Hitze ungefähr 8–10 Minuten garen. Nach etwa 4 Minuten hat sich eine schöne Kruste gebildet und man kann den Patty problemlos umdrehen.

Bei Hamburgern mit Rindfleisch ist es wichtig, dass man **Muskelfleisch mit einem Fettanteil von 20 bis 40 Prozent** wählt. Denn der Fettanteil spielt für die Konsistenz der Frikadelle eine große Rolle. Enthält das Hackfleisch zu wenig Fett, wird die Bulette beim Braten trocken und fällt auseinander. Besonders gut geeignet ist Rinderhack, das aus **Schulter, Nacken oder Hüfte** gemacht ist.

Fisch und Geflügel

Fisch oder Geflügel kann man ebenfalls prima für einen Burger verwenden. Fisch – häufig verwendet werden **Lachs, Garnelen oder ein fester Weißfisch** (z. B. Kabeljau, Pangasius, Seelachs) – ist wegen seiner Omega-3-Fettsäuren nicht nur gut für unsere Gesundheit, sondern auch sehr kalorienarm.

Es muss nicht immer Rindfleisch sein! Aus Garnelen, Lachs oder Hühnchen lassen sich ebenfalls leckere Burger herstellen.

Ob man den Fisch im Stück grillt bzw. brät oder aus Fischfilet einen Patty herstellt, bleibt jedem selbst überlassen. Wer den Fisch auf dem Rost oder in einer Grillpfanne gart, benötigt dazu kein Fett.
Einen gesunden **Hähnchenburger** kann man im Handumdrehen mit gegrillter Hühnerbrust zaubern. Bio-Hühnerbrust ist hier natürlich die erste Wahl. Kreativ gewürzt bzw. belegt, lässt sich der Chickenburger – ebenso wie der Fischburger – ganz schnell in einen Fitnessburger verwandeln.

Patty formen

Für die Größe des Pattys gibt es keine Vorschriften. Je nach Anlass – z. B. Grillparty oder Fingerfood-Buffet – kann das Gewicht zwischen 80 und 120 Gramm liegen. Wichtig ist nur, dass Patty und Brötchen in punkto Größe zusammenpassen. Sonst stimmt das Mengenverhältnis von Brot und Fleisch beim Hineinbeißen nicht.
Vor dem Formen wird das Fleisch gut gewürzt. **Ei, eingeweichtes Brot oder andere Bindemittel haben in einem Burger-Patty nichts zu suchen.** Ob man vor oder nach dem Braten salzt, muss jeder für sich entscheiden. Hier gibt es kein Richtig oder Falsch.

- Damit jeder Patty das gleiche Gewicht hat und gleichmäßig gart, sollte man die Menge mit einer Waage abwiegen oder das Hackfleisch mit einer Suppenkelle portionieren.
- Ideal ist ein Patty mit einer Dicke von 1 bis 1,5 cm.

Zum Formen der Burger-Pattys eignen sich, wenn man sie nicht von Hand formen will, eine Patty-Presse oder ein entsprechend großer Ausstecher bzw. Dessertring.

Braten oder Grillen?

Hamburger können sowohl in der **Pfanne** als auch auf dem **Grill** zubereitet werden. Wichtig ist bei der Zubereitung nur, dass Grill oder Pfanne (Grillpfanne) sehr heiß sind, da sich sonst keine Röstaromen entwickeln können und der Patty nicht brät, sondern schmort.

Wenn der Fettgehalt des Hackfleisches stimmt, kann man einen Rindfleisch-Patty ganz ohne Zugabe von Fett braten. Bei magerem Fleisch verwendet man etwas Öl oder Butterschmalz. Rindfleisch-Pattys sollten eine schöne braune Kruste bekommen und Röstaromen entwickeln. Einen Burger sollte man **nie ganz durchbraten.** Besonders gut schmeckt er **medium gegart.**

TIPP

Entscheidend beim Braten ist, dass die Hackfleischmasse die **richtige Konsistenz** hat: Ist sie zu locker, zerfällt der Patty, ist sie zu fest, wird er trocken.

GUT ZU WISSEN

- **Nach dem Braten** lässt man das Fleisch ein oder zwei Minuten ruhen, damit sich der Fleischsaft verteilen kann.
- Bei der Zubereitung eines Cheeseburgers sollte man die Käsescheibe **gleich nach dem Umdrehen** auf den Patty legen. Wenn die zweite Fleischseite gar ist, ist auch der Käse geschmolzen.

Die Sauce

Mit der richtigen Sauce kann man aus jedem Burger ein kulinarisches Highlight machen! Ob scharfe **Chilisauce, Barbecue-Sauce** oder **Mayonnaise** – die Möglichkeiten, den Burger geschmacklich zu verändern, sind unendlich. Es muss also nicht immer Ketchup sein. Allerdings sollte man auch bei der Sauce wählerisch sein und nicht einfach ins Supermarktregal greifen. Saucen sind schnell selbst hergestellt und der Burger schmeckt damit noch einmal so gut. Die Saucenklassiker Ketchup und Mayonnaise kann man mit einigen wenigen

Tomatenketchup, Mayonnaise und Barbecue-Sauce zählen zu den Saucen-Basics. Sie lassen sich durch die Zugabe von Kräutern oder Gewürzen leicht abwandeln.

zusätzlichen Zutaten kreativ variieren. Während Mayonnaise eher schnell verdirbt, lässt sich **selbst gemachter Ketchup** gut auf Vorrat zubereiten. Man kann ihn einfach in Twist-off-Gläser füllen, im Backofen sterilisieren und im dunklen Keller einige Zeit lagern.

Beilagen

Ein Burger alleine macht nicht unbedingt satt. Deshalb werden Burger immer auch mit ein paar Beilagen serviert. Meist sind es die klassischen **Pommes frites.**
Sehr gut schmecken aber auch **gegrillte Zucchini, Melanzane, Peperoni (Paprikaschoten), Fenchel** und **Radicchio** dazu.
Ein gemischter grüner Salat, ein **Caesar Salad, Krautsalat,** amerikanischer **Coleslaw** oder **Tomatensalat** runden das Burger-Menü ab.
Für Abwechslung sorgen **frittierte Gemüsechips,** zum Beispiel Rohnen (Rote Bete), Karotten, Pastinaken, Petersilienwurzeln oder Topinambur.

Pommes frites – beliebt bei Jung und Alt (Rezept siehe Seite 84)

Kartoffelspalten: Passen zum Burger, sind aber auch solo ein Genuss (Rezept siehe Seite 85).

Eine tolle Beilage zu Burger sind Chips aus verschiedenfarbigen Kartoffelsorten, zum Beispiel aus Sieglinde, Heiderot oder Violetta (Rezept siehe Seite 85).

POMMES MAL ANDERS

Etwas andere Pommes lassen sich aus blauen Kartoffeln oder Süßkartoffeln herstellen.

- Süßkartoffel-Pommes schmecken leicht süßlich und sind, wenn sie statt in der Fritteuse im Backofen gegart werden, kalorienarm.
- Damit sie schön kross werden, bestreut man die gut gewässerten Süßkartoffelstäbchen mit Stärkemehl.
- Anschließend mit Öl und Salz vermischen, auf Backpapier ausbreiten und im 200 Grad (Umluft) heißen Backofen etwa 20 Minuten backen.

Kartoffeln – frittiert, gebraten oder gebacken

Kartoffeln in jeglicher Form sind eine gute Beilage zum Hamburger.
Kartoffeln müssen aber nicht immer in Stäbchenform geschnitten und frittiert sein. Kartoffelspalten aus dem Backofen, dünne Kartoffelchips oder in Folie gebackene Kartoffeln, die mit Kräuterquark oder Creme fraîche serviert werden, können die Mahlzeit ebenfalls komplettieren.

Vegetarische, vegane oder Low-Carb-Burger

Vegetarier, Veganer und Low-Carb-Anhänger müssen natürlich nicht auf einen leckeren Burger verzichten. Zum Glück gibt es viele Möglichkeiten, das Fleisch durch vegetarische Zutaten zu ersetzen.

Vegetarische bzw. vegane Burger

Gute Alternativen sind in Scheiben geschnittenes Grillgemüse (Melanzane oder Pilze), Käse, (Räucher)Tofu oder Seitan. Spannender, aber auch aufwändiger ist die Herstellung eines Veggie-Pattys. Er besteht meist aus verschiedenen Gemüsesorten und gekochten Getreidekörnern. Manche dieser fleischlosen Burger sind so gut, dass selbst Fleischliebhaber gerne zugreifen. Vor allem dann, wenn sie außergewöhnliche Geschmackskomponenten enthalten.

Low-Carb-Burger

Eine Low-Carb-Variante zum Brötchen sind Portobellopilze. Achten Sie aber darauf, dass die Pilze ungefähr gleich groß sind und lassen Sie sie nach dem Garen gut abtropfen.

Vegetarische Burger lassen sich sehr kreativ belegen. Sie schmecken hervorragend mit würzigen Salatsorten, zum Beispiel Rucola, Löwenzahn (Zicchoriensalat), aber auch mit Kresse, Avocado, Gurken, Grillgemüse bzw. Käse sowie Pesto oder einer anderen selbst gemachten Sauce.

Burger zum Dessert: Mit Beeren, Nougatmousse und Vanillecreme gefüllten süßen Burgerbrötchen kann niemand widerstehen. Aber auch Pancakes-Burger mit Früchten, Quark- oder Schokocreme schmecken hervorragend.

Sehr gut schmeckt auch ein Burger, bei dem das Fleisch zwischen zwei Avocadohälften liegt.

Burger zum Nachtisch

Beim Dessert denkt sicher niemand an einen Burger. Und trotzdem kann man, wenn man ihn statt mit Fleisch mit Früchten, Eis oder Cremes (Schokoladenmousse oder Vanillecreme) füllt, blitzschnell eine Nachspeise kreieren.

Für einen **süßen Burger** nimmt man am besten ein Brötchen aus Briocheteig. Aber auch Waffeln, Pancakes, Brandteiggebäck (z. B. Windbeutel) oder Faschingskrapfen (Berliner) lassen sich gut füllen und aus der Hand essen.

Welches Getränk passt zum Burger?

Noch ehe der fertige Burger auf dem Teller liegt, sollte man sich ein paar Gedanken über die Getränkebegleitung machen. Die Antwort auf die Frage »Welcher Wein soll her?« ist gar nicht so einfach zu finden. Fest steht, der Wein sollte nicht zu edel ausfallen, sondern bodenständig und unkompliziert sein.

Bei einem Hamburger, dem Rindfleisch und Brot eine gewisse Struktur und Saftigkeit verleihen, braucht es einen Wein, der wenigstens einen mittleren bis kräftigen Alkoholwert sowie genügend Fülle aufweist. Die anderen Burger-Zutaten – beispielsweise Tomate, Zwiebeln, saure Gurke, Ketchup – sorgen im Mund für salzige, fettige, aber auch pikante und süßliche Empfindungen. Deshalb sollte der Wein den Gaumen schmeichelnde Elemente besitzen. Gut machen sich Weine, die mit einer leicht rauchigen Note zu den Röstaromen des Fleisches passen. Wie wäre es also mit einem **Südtiroler Merlot**, einer schmeichlerischen roten Cuvée aus der Region, einem nicht zu üppigen Barbera oder Dolcetto aus dem Piemont oder einem Beaujolais? Doch auch ein fruchtbetonter, weicher Nero d'Avola aus Sizilien oder ein Zinfandel aus Kalifornien sind sehr zu empfehlen. Für den Fall, dass der Geschmack des Ketchups sehr dominant ist, kann man auf einen Cabernet Franc – beispielsweise aus Südtirol – ausweichen.

Zu einem Pulled-Pork-Burger empfiehlt sich ein Wein, der aus Blauburgundertrauben gekeltert wird. Suchen Sie sich einen guten Wein dieser Sorte aus den Anbaugebieten in Südtirol, Baden (Süddeutschland), Burgund (es muss kein Grand Cru sein) oder Walker Bay (Südafrika). Biertrinker greifen sicher gerne zu einem dunklen Bockbier oder einem belgischen Tripel-Bier.

Die passende Begleitung zum Burger: Bier oder Wein, je nach Gusto

Zu einem Cheeseburger passt ein Weißwein ausgezeichnet, zum Beispiel ein leicht im Barrique ausgebauter Chardonnay oder ein Grauburgunder aus Südtirol. Die saftigen und recht frischen Noten bilden einen guten Kontrast zum Fettgehalt des geschmolzenen Käses. Ein Blonde Ale, ein Altbier oder ein Rauchbier sind hier ebenfalls eine gute Wahl.

Fisch- oder Geflügel-Burger harmonieren perfekt mit nicht zu komplexen Schaumweinen. Allerdings sollten sie nicht übermäßig auf der Hefe gereift sein. Oder Sie probieren einen Südtiroler Müller-Thurgau, der ebenso wie ein Honigbier oder ein Pilsner Urquell für die notwendige geschmackliche Lebhaftigkeit sorgen kann.

Veggie-Burger verlangen hingegen nach einem Rosé. Aber auch ein etwas kühler servierter Vernatsch aus einer Südtiroler Kellerei kann eine sehr gute Ergänzung zum Gemüse sein. Bierliebhabern mundet dazu sicher ein Weizen- oder Zwickelbier.

Naschkatzen, die sich einen süßen Burger zum Nachtisch gönnen, stehen verschiedene Süßweine zur Auswahl: Strohweine oder Passiti aus Südtiroler Gewürztraminer oder Goldmuskateller, Trockenbeerenauslesen vom Neusiedlersee oder Recioto di Soave aus dem Veneto. Beim Bier sind Eisbock, Chocolate Stout oder Coffee Porter ein geeigneter Partner.

Hamburger – der Klassiker

Für 4 Burger

Hamburgerbrötchen (für etwa 12 Brötchen)

30 g	Hefe
230 ml	lauwarme Milch
500 g	Mehl
4	Eigelb
70 g	weiche Butter
1 EL	Sesamöl
10 g	Salz
½ TL	Sesam zum Bestreuen

Belag

4 EL	Mayonnaise (siehe Seite 62)
4 EL	Tomatenketchup (siehe Seite 84)
8	Salatblätter (Eisberg- oder Maikönig)
2	Tomaten, in Scheiben geschnitten
8	gebratene Rindfleisch-Pattys (siehe Seite 22)
8	Schnittkäsescheiben (z. B. Fontina oder Edamer)
2	Essiggurken, in Scheiben geschnitten
20 g	rote Zwiebeln, in Ringe geschnitten
	Salz
	Pfeffer aus der Mühle

etwa 200 Grad
etwa 15 Minuten

Hamburgerbrötchen

- Die Hefe zerbröseln und in der lauwarmen Milch auflösen.
- Mehl, Eigelb, weiche Butter, Sesamöl und Salz dazugeben und alles zu einem geschmeidigen Teig verkneten.
- Den Teig zugedeckt etwa 30 Minuten bei 35 Grad gehen lassen.
- Den Teig in zwölf gleich große Stücke teilen. Mit der Hand zu runden Brötchen formen (rund schleifen) und mit Sesam bestreuen.
- Die Brötchen auf ein eingefettetes Backblech setzen und noch einmal 20 Minuten zugedeckt gehen lassen.
- Im vorgeheizten Backofen backen.

Fertigstellung

- Die Brötchen halbieren und mit der Schnittfläche auf dem Grill oder in einer Pfanne kurz rösten.
- Die Brötchenhälften mit etwas Mayonnaise und Tomatenketchup bestreichen.
- Auf die untere Brötchenhälfte jeweils ein Salatblatt, Tomaten und einen gebratenen Patty legen.
- Nacheinander eine Käsescheibe, Essiggurken, Tomaten und Zwiebelringe auf den Patty schichten.
- Einen zweiten Patty, eine Käsescheibe, Zwiebelringe und Salat darauf platzieren.
- Eventuell mit Salz und Pfeffer würzen, die obere Brötchenhälfte daraufsetzen und sofort servieren.

TIPP

Servieren Sie den Hamburger möglichst im noch ofenwarmen Brötchen. Dann schmeckt er am besten.

Chiliburger

FÜR 4 BURGER

Rindfleisch-Pattys

- 500 g Rindfleisch (Nuss oder Spitzrose)
- Salz
- Pfeffer aus der Mühle

Weiteres

- 2 EL Öl zum Braten
- 1 EL Butter
- 1 Rosmarinzweig

Brot

- 4 Hamburgerbrötchen (siehe Seite 20)

Belag

- 4 EL Mayonnaise (siehe Seite 62)
- 2 EL Chilisauce (siehe Seite 54)
- 300 g rote und gelbe Peperoni, geviertelt und gegrillt
- 4 Salatblätter (Frisée oder Maikönig)
- 4 frische Peperoncini (Chilischoten)
- 4 EL gebackene Zwiebeln (siehe Seite 40)

Rindfleisch-Pattys: etwa 8 Minuten

Rindfleisch-Pattys

- Das Rindfleisch von den Sehnen befreien und durch die mittlere Scheibe des Fleischwolfes drehen.
- Mit Salz und Pfeffer würzen, kurz vermischen und daraus vier Pattys formen.
- Öl erhitzen und die Pattys auf beiden Seiten scharf anbraten, Hitze reduzieren und Butter sowie Rosmarin in die Pfanne geben. Die Pattys kurz nachbraten und dabei immer wieder mit Rosmarinbutter übergießen.

Fertigstellung

- Die Brötchen halbieren und mit der Schnittfläche auf dem Grill oder in einer Pfanne kurz rösten.
- Die unteren Brötchenhälften mit etwas Mayonnaise und Chilisauce bestreichen und mit den gebratenen Pattys belegen.
- Gegrillte Peperoni und Salatblätter daraufsetzen.
- Restliche Mayonnaise und Chilisauce darauf verteilen.
- Peperoncini halbieren, Samenkerne entfernen. Zusammen mit den gebackenen Zwiebeln auf die Chilisauce legen.
- Die Brötchendeckel obenauf setzen und servieren.

VARIATION

Chili-Hühnerbrust-Burger (siehe Cover): Sie können den Patty auch durch gebratene Hühnerbrust ersetzen. Statt gegrillter Peperoni, Salat und gebackenen Zwiebeln verwenden Sie Rucola, gebratenen Speck und in Scheiben geschnittene Honigmelone.

TIPP

Als Beilage eignen sich pikante Kartoffelspalten (siehe Seite 85), Ofenkartoffeln, gebackene Kartoffelchips (siehe Seite 85) oder ein gemischter Salat.

Mediterraner Burger

Für 4 Burger

Focaccia-Brötchen (für etwa 12 Brötchen)

25 g	Hefe
1/2 EL	Zucker
250 ml	lauwarmes Wasser
500 g	Mehl
50 ml	Olivenöl
15 g	Salz

Weiteres

150 g	Sardellen in Öl
50 ml	Olivenöl zum Beträufeln
1 Prise	Salzblüte (Fleur de Sel)

Belag

4 EL	Mayonnaise (siehe Seite 62)
4 EL	Tomatenketchup (siehe Seite 84)
4	gegrillte Melanzanescheiben
50 g	Rucola oder Mönchsbart
4	gebratene Rindfleisch-Pattys (siehe Seite 22)
20 g	Zwiebeln, in Ringe geschnitten
4	frische Peperoncini (Chilischoten), entkernt und klein geschnitten

Focaccia-Brötchen: etwa 220 Grad

etwa 12 Minuten

Focaccia-Brötchen

- Die Hefe zerbröseln und mit dem Zucker im lauwarmen Wasser auflösen.
- Mehl, Olivenöl und Salz dazugeben und alles zu einem geschmeidigen Teig verkneten.
- Den Teig zugedeckt etwa 30 Minuten bei 35 Grad gehen lassen.
- Den Teig noch einmal durchkneten und 2 cm dick ausrollen. Mit einem runden Ausstecher (8 cm Ø) Kreise ausstechen und auf ein eingeöltes Backblech legen.
- Mit einem Kochlöffelstiel kleine Löcher in den Teig drücken, Sardellen und Olivenöl hineingeben und abgedeckt weitere 20 Minuten gehen lassen.
- Focaccia-Brötchen mit Salzblüte bestreuen und im vorgeheizten Backofen backen.

Fertigstellung

- Die Focaccia-Brötchen halbieren und mit der Schnittfläche auf dem Grill oder in einer Pfanne kurz rösten.
- Die unteren Hälften mit etwas Mayonnaise und Tomatenketchup bestreichen.
- Gegrillte Melanzane, etwas Rucola und die gebratenen Pattys darauflegen.
- Mit dem restlichen Rucola sowie den Zwiebelringen bedecken und mit Peperonciniringen bestreuen.
- Mit Mayonnaise und Tomatenketchup würzen, die oberen Brötchenhälften daraufsetzen und sofort servieren.

TIPP

Servieren Sie dazu Pommes frites (siehe Seite 84), Röstkartoffeln oder einen Salat.

Kalbshacksteak-Burger

Für 4 Burger

Kalbshacksteak

30 g Zwiebeln, fein geschnitten
1 Knoblauchzehe, fein gehackt
1 EL Butter
500 g faschiertes Kalbfleisch
1 Ei
1 TL Senf
1 EL Petersilie, fein geschnitten
½ TL Majoran, fein geschnitten
½ TL Paprikapulver
Salz
Pfeffer aus der Mühle

Weiteres

50 ml Öl zum Braten

Brot

4 Laugenbrötchen (siehe Seite 36)

Belag

4 EL Tomatenketchup (siehe Seite 84)
80 g Rucola
200 g Ofentomaten oder Fleischtomaten, in Scheiben geschnitten
20 g rote Zwiebeln, in Ringe geschnitten
4 EL Naturjoghurt

Kalbshacksteak:
etwa 6 Minuten

Kalbshacksteak

- Zwiebeln und Knoblauch in Butter glasig anschwitzen und auskühlen lassen.
- Das faschierte Kalbfleisch dazugeben und mit Ei, Senf, Petersilie, Majoran, Paprikapulver, Salz und Pfeffer vermengen.
- Mit nassen Händen aus der Masse zuerst Kugeln und dann Kalbshacksteaks formen.
- Öl in einer beschichteten Pfanne erhitzen und die Kalbshacksteaks darin anbraten. Die Hitze reduzieren und so lange braten, bis sie durchgebraten sind.

Fertigstellung

- Die Laugenbrötchen halbieren und mit der Schnittfläche auf dem Grill oder in der Pfanne kurz rösten.
- Die unteren Hälften mit Tomatenketchup bestreichen und mit etwas Rucola und einem Kalbshacksteak belegen.
- Nacheinander Ofentomaten, den restlichen Rucola und Zwiebelringe daraufschichten.
- Mit Naturjoghurt und Tomatenketchup beträufeln und die oberen Laugenbrötchenhälften daraufsetzen.

TIPP

Besonders gut schmecken dazu verschiedene Salate, zum Beispiel Tomaten- oder Krautsalat.

Beefsteak-Burger

Für 4 Burger

Glasierte Schalotten

300 g	Schalotten
1 EL	Zucker
1 EL	Weißweinessig
100 ml	Gemüsebrühe
½	Lorbeerblatt
1 EL	Butter
	Salz
	Pfeffer aus der Mühle

Beefsteak

2	Rindsfiletsteaks zu je 200 g
	Salz
	Pfeffer aus der Mühle
2 EL	Öl zum Braten

Brot

4	Kürbisbrötchen (siehe Seite 62)

Belag

4 EL	Mayonnaise (siehe Seite 62)
4	gebratene Rindfleisch-Pattys (siehe Seite 22)
100 g	Vogelesalat, Friséesalat und Shiso-Kresse
½ TL	Salzblüte (Fleur de Sel) oder Salz
4 EL	geröstete Pinoli
1 EL	Olivenöl
1 EL	alter Balsamicoessig

Glasierte Schalotten

- Die Schalotten schälen und kurz in Salzwasser aufkochen.
- Zucker in einem flachen Topf karamellisieren lassen, mit Weißweinessig und Gemüsebrühe ablöschen.
- Schalotten, Lorbeerblatt und Butter dazugeben, mit Salz und Pfeffer würzen. Bei schwacher Hitze dünsten, bis die Zwiebeln weich und schön glasiert sind.

Beefsteak

- Rindsfiletsteaks salzen und pfeffern. Öl in einer Pfanne erhitzen und das Fleisch darin auf beiden Seiten braten.
- Jedes Steak in vier Scheiben schneiden und mit etwas Salzblüte bestreuen.

Fertigstellung

- Die Kürbisbrötchen halbieren und mit der Schnittfläche auf dem Grill oder in einer Pfanne kurz rösten.
- Die unteren Hälften mit etwas Mayonnaise bestreichen und mit den gebratenen Rindfleisch-Pattys belegen.
- Nacheinander Salate, Kresse und je zwei Scheiben vom Rindsfiletsteak daraufschichten.
- Mit gerösteten Pinoli bestreuen und mit Olivenöl und Balsamicoessig beträufeln.
- Die oberen Brötchenhälften daraufsetzen und servieren.

Glasierte Schalotten: etwa 20 Minuten

Rindsfiletsteak: etwa 6 Minuten

TIPPS

1. *Sie können das Rindsfiletsteak auch auf dem Grill zubereiten.*
2. *Rösten Sie die Pinoli ohne Öl in einer beschichteten Pfanne, bis sie goldgelb sind.*

Tatarburger

FÜR 4 BURGER

Tatar

400 g	Rindsfilet oder kleine Rindsnuss (Spitzrose)
2	Eigelb oder 30 g pasteurisiertes Eigelb
½ EL	Senf
1	getrockneter Peperoncino, zerstoßen
½ TL	Paprikapulver
½	Knoblauchzehe, fein gehackt
½ EL	Kapern, gehackt
2 EL	Essiggurken, gehackt
1 EL	Petersilie, fein geschnitten
3	Sardellenfilets in Öl, fein gehackt
1 EL	Zwiebeln, fein geschnitten
2 EL	Olivenöl
½ TL	Zitronensaft
	Salz
	Pfeffer aus der Mühle

Brot

4	Hamburgerbrötchen (siehe Seite 20)

Belag

40 g	weiche Butter
120 g	Salat (z. B. Vogelesalat, Schnittsalat)
50 g	rote Zwiebeln, in Ringe geschnitten
50 g	frischer Kren (Meerrettich), geraspelt
4 EL	Mayonnaise (siehe Seite 62)
2 EL	Tomatenketchup (siehe Seite 84)

Tatar

- Das Rindsfilet mit dem Messer sehr fein hacken oder faschieren.
- Mit Eigelb, Senf, Peperoncino, Paprikapulver, Knoblauch, Kapern, Essiggurken, Petersilie, Sardellenfilets, Zwiebeln, Olivenöl und Zitronensaft vermischen. Mit Salz und Pfeffer abschmecken.
- Tatar portionieren, zu Kugeln formen und flach drücken.

Fertigstellung

- Die Hamburgerbrötchen halbieren und mit der Schnittfläche auf dem Grill oder in einer Pfanne kurz rösten.
- Die unteren Brötchenhälften mit etwas Butter bestreichen und das Tatar daraufsetzen.
- Mit Salat und Zwiebelringen belegen und mit Kren bestreuen.
- Die oberen Brötchenhälften mit Mayonnaise und Tomatenketchup bestreichen, daraufsetzen und servieren.

TIPPS

1. *Als Beilage passen Pommes frites (siehe Seite 84), aber auch Gemüsechips oder ein Salat der Saison.*
2. *Sie können das Tatar natürlich auch kurz anbraten.*

Vitello-Tonnato-Burger

Für 4 Burger

Thunfischsauce

200 g	Thunfisch in Öl
80 ml	Fleischsuppe oder Gemüsebrühe
½ EL	Essig
1 TL	Salzkapern
2	Sardellenfilets
4 EL	Weißwein
100 g	Mayonnaise (siehe Seite 62)
	Salz
	Pfeffer aus der Mühle

Brot

4	Hamburgerbrötchen (siehe Seite 20)

Belag

4	gebratene Kalbshacksteaks (siehe Seite 26)
2	gekochte Eier, in Scheiben geschnitten
80 g	Rucola
200 g	gekochtes Kalbfleisch, in dünne Scheiben geschnitten
200 g	Ofentomaten oder Fleischtomaten, in Scheiben geschnitten
20 g	rote Zwiebeln, in Ringe geschnitten

Weiteres

2 EL	Salzkapern
	Salz
	Pfeffer aus der Mühle

Thunfischsauce

- Den Thunfisch gut abtropfen lassen und grob zerkleinern.
- Zusammen mit Fleischsuppe, Essig, Salzkapern, Sardellenfilets und Weißwein im Mixer fein pürieren. Eventuell durch ein Haarsieb streichen.
- Mayonnaise unterrühren und mit Salz und Pfeffer abschmecken.

Fertigstellung

- Die Brötchen halbieren und mit der Schnittfläche auf dem Grill oder in einer Pfanne kurz rösten.
- Die unteren Hälften mit etwas Thunfischsauce bestreichen und mit dem gebratenen Kalbshacksteak belegen.
- Darauf nacheinander Ei, Rucola, gekochtes Kalbfleisch und Ofentomaten schichten.
- Thunfischsauce, Zwiebelringe und Salzkapern daraufgeben und eventuell mit Salz und Pfeffer würzen.
- Die oberen Brötchenhälften daraufsetzen und servieren.

TIPPS

1. *Servieren Sie dazu gegrilltes oder gebackenes Gemüse oder pikante Kartoffelspalten (siehe Seite 85).*
2. *Hamburgerbrötchen schmecken besonders gut, wenn sie noch etwas warm sind.*
3. *Sie können den Burger auch ohne das gebratene Kalbshacksteak servieren.*

Trüffel-Spargel-Burger

Für 4 Burger

Grüne Burgerbrötchen (für etwa 12 Brötchen)

20 g	Hefe
130 ml	lauwarme Milch
500 g	Mehl
100 g	Spinat
10 g	Petersilie
5 g	Minze
5 g	Kerbel
4	Eigelb
70 g	weiche Butter
1 EL	Sesamöl
10 g	Salz

Spiegeleier

2 EL	Butter
4	Eier
	Salz

Belag

4 EL	Kräutermayonnaise (siehe Seite 62, Variation)
4	gebratene Rindfleisch-Pattys (siehe Seite 22)
80 g	Babyspinat
16	weiße Spargelstangen, gekocht
2 EL	Parmesan, gehobelt
5 g	weißer oder schwarzer Trüffel

Grüne Burgerbrötchen

- Die Hefe zerbröseln und in lauwarmer Milch auflösen.
- Die Hälfte des Mehls zusammen mit Spinat, Petersilie, Minze und Kerbel im Thermomix oder Mixer fein mixen.
- Zusammen mit restlichem Mehl, Eigelb, weicher Butter, Sesamöl und Salz zur aufgelösten Hefe geben. Alles zu einem geschmeidigen Teig verkneten.
- Den Teig zugedeckt etwa 30 Minuten bei 35 Grad gehen lassen.
- Den Teig in zwölf gleich schwere Stücke teilen, zu Brötchen formen (rund schleifen) und auf ein gefettetes Backblech legen.
- Zugedeckt 20 Minuten gehen lassen und im vorgeheizten Backofen backen.

Spiegeleier

- Butter in einer beschichteten Pfanne schmelzen. Die Eier aufschlagen und in die Pfanne gleiten lassen. Salzen und fertig braten.

Fertigstellung

- Die grünen Burgerbrötchen halbieren und mit der Schnittfläche auf dem Grill oder in einer Pfanne kurz rösten.
- Die unteren Hälften mit etwas Kräutermayonnaise bestreichen und mit je einem Rindfleisch-Patty belegen.
- Spinatblätter, gekochte Spargelstangen, Spiegelei und Kräutermayonnaise daraufgeben.
- Mit Parmesanspänen und Trüffelscheiben bestreuen.
- Die oberen Brötchenhälften daraufsetzen und servieren.

Burgerbrötchen:
etwa 200 Grad
etwa 15 Minuten

Spiegeleier:
etwa 5 Minuten

TIPP

Zu dieser Edelversion eines Burgers passen Kartoffelchips aus farbigen Kartoffeln (siehe Seite 16 und 85), Süßkartoffel-Pommes oder ein gemischter grüner Salat.

Leberkäse-Burger

Für 4 Burger

Laugenbrötchen (für etwa 12 Brötchen)

350 ml	lauwarme Milch
20 g	Honig
20 g	Hefe
500 g	Mehl
20 g	weiche Butter
10 g	Salz

Brezellauge

600 ml	Wasser
50 g	Natronlauge (aus der Apotheke)

Weiteres

1 EL	Salzblüte (Fleur de Sel) oder grobes Salz zum Bestreuen

Belag

2 EL	Senf
8	Leberkäsescheiben
1 EL	Butter zum Braten
8	Ochsenherz-tomatenscheiben
4	Schnittkäsescheiben (z. B. Fontina oder Edamer)
60 g	Vogelesalat
4 EL	gebackene Zwiebelringe (siehe Seite 40)

Laugenbrötchen:
etwa 200 Grad
etwa 15 Minuten

Laugenbrötchen

- Lauwarme Milch mit Honig verrühren, Hefe zerbröseln und dazugeben. So lange rühren, bis sich die Hefe aufgelöst hat.
- Mehl, weiche Butter und Salz zufügen und alles zu einem geschmeidigen Teig verkneten.
- Den Teig abgedeckt etwa 30 Minuten bei 35 Grad gehen lassen.
- Den Teig in zwölf gleich schwere Stücke teilen. Die Teiglinge zu Brötchen formen (rund schleifen) und noch einmal 10 Minuten gehen lassen.
- In Brezellauge tauchen, auf ein eingefettetes Backblech setzen und etwa 15 Minuten gehen lassen.
- Die Oberfläche der Laugenbrötchen mit einem scharfen Messer einschneiden, mit Salzblüte bestreuen und im vorgeheizten Backofen backen.

Fertigstellung

- Die Laugenbrötchen halbieren und mit der Schnittfläche auf dem Grill oder in einer Pfanne kurz rösten.
- Die unteren Laugenbrötchenhälften mit Senf bestreichen.
- Leberkäse in Butter braten und darauflegen.
- Obenauf Tomatenscheiben, Käse, Vogelesalat und gebackene Zwiebelringe schichten.
- Die Deckel der Laugenbrötchen daraufsetzen und servieren.

TIPPS

1. *Natronlauge (36% NaOH) bekommen Sie nicht nur in der Apotheke, Sie können auch Ihren Bäcker danach fragen.*
2. *Tauchen Sie das Gebäck nur mit Schutzhandschuhen in die Natronlauge! Die verdünnte Lauge ist nach dem Backen nicht mehr ätzend, Sie können die fertigen Laugenbrötchen bedenkenlos verzehren.*

Speckburger

FÜR 4 BURGER

Vinschgerlen (für etwa 12 Brötchen)

400 ml	lauwarmes Wasser
200 g	Sauerteig (vom Bäcker)
10 g	Hefe
150 g	Mehl
200 g	Roggenvollkornmehl
350 g	Roggenmehl
2 TL	Brotklee
15 g	Salz
1 TL	Koriander, zerstoßen
1 EL	Fenchelsamen
1 EL	Kümmel

Belag

4 EL	Mayonnaise (siehe Seite 62)
4	gebratene Rindfleisch-Pattys (siehe Seite 22)
4	Tomatenscheiben
4	Salatblätter (z. B. Maikönig)
8	gebratene Speckscheiben
4	Essiggurken, in Scheiben geschnitten
20 g	Zwiebeln, in Ringe geschnitten
2 EL	Kren (Meerrettich), frisch geraspelt
1 EL	geröstete Buchweizenkörner

Vinschgerlen:
etwa 180 Grad
etwa 18 Minuten

Vinschgerlen

- Lauwarmes Wasser mit Sauerteig und Hefe verrühren.
- Mit Mehl, Roggenvollkornmehl, Roggenmehl, Brotklee, Salz, Koriander, Fenchelsamen und Kümmel zu einem glatten Teig verkneten. Abgedeckt etwa 30 Minuten bei 35 Grad gehen lassen.
- Den Teig auf eine Arbeitsfläche geben, mit Mehl bestreuen und mit der Hand in zwölf Teile teilen (rupfen). Vinschgerlen auf ein eingefettetes Backblech legen und noch einmal etwa 20 Minuten gehen lassen.
- Im vorgeheizten Backofen backen.

Fertigstellung

- Die Vinschgerlen halbieren und mit der Schnittfläche auf dem Grill oder in einer Pfanne kurz rösten.
- Die unteren Hälften mit Mayonnaise bestreichen.
- Darauf die gebratenen Pattys, Tomaten, Salat, gebratenen Speck, Gurken und Zwiebelringe schichten.
- Mit Kren und gerösteten Buchweizenkörnern bestreuen und die oberen Brötchenhälften darauflegen. Sofort servieren.

TIPPS

1. *Sie können die noch warmen Vinschgerlen auch sehr gut zu kalten Vorspeisen servieren.*
2. *Anstelle des Specks können Sie Bauchspeck oder Lardo verwenden.*

Bergkäse-Burger

FÜR 4 BURGER

Speck-Krautsalat

- 200 g Weißkraut
- 100 g Speck, in Streifen geschnitten
- Salz
- Pfeffer aus der Mühle
- 2 EL Apfelessig
- 2 EL Öl
- ½ TL Kümmel

Brot

- 4 Vinschgerlen (siehe Seite 38)

Belag

- 4 EL Topfen (Quark)
- 1 EL Schnittlauch, fein geschnitten
- Salz
- Pfeffer aus der Mühle
- 4 gebratene Rindfleisch-Pattys (siehe Seite 22)
- 4 Bergkäsescheiben
- 8 Kartoffelchips (siehe Seite 85)
- 8 gebratene Speckscheiben
- 4 Radieschen, in Scheiben geschnitten

Speck-Krautsalat

- Weißkraut in feine Streifen schneiden, Speck in der Pfanne rösten und zum Weißkraut geben.
- Mit Salz, Pfeffer, Apfelessig, Öl und Kümmel abschmecken und durchziehen lassen.

Fertigstellung

- Die Vinschgerlen halbieren und mit der Schnittfläche auf dem Grill oder in einer Pfanne kurz rösten.
- Topfen mit Schnittlauch verrühren und mit Salz und Pfeffer würzen.
- Die unteren Brötchenhälften mit Topfencreme bestreichen.
- Darauf Speck-Krautsalat, den gebratenen Patty und eine Scheibe Bergkäse schichten.
- Kartoffelchips, Speck-Krautsalat, gebratenen Speck und Radieschen darauflegen.
- Die Brötchendeckel obenauf setzen und sofort servieren.

TIPPS

1. *Anstelle des Bergkäses können Sie auch einen anderen würzigen Käse verwenden.*
2. *Ersetzen Sie den Speck durch Lardo oder Wildschinken.*

»Gourmet Hax«-Burger

FÜR 4 BURGER

Dinkelvollkornbrötchen (für etwa 12 Brötchen)

300 ml	lauwarmes Wasser
100 g	Sauerteig (vom Bäcker)
10 g	Hefe
500 g	Dinkelvollkornmehl, fein gemahlen
15 g	Salz
1 TL	Koriander, zerstoßen
1 EL	Fenchelsamen
1 EL	Kümmel

Ofenpeperoni

1	rote Peperoni

Belag

400 g	»Gourmet Hax« (gegarte Schweinshaxe der Firma Recla)
200 g	Speck-Krautsalat (siehe Seite 40)
4 EL	Chilisauce (siehe Seite 54)

Dinkelvollkornbrötchen:
etwa 180 Grad
etwa 18 Minuten

Ofenpeperoni:
etwa 200 Grad
etwa 20 Minuten

Dinkelvollkornbrötchen

- Lauwarmes Wasser mit Sauerteig und Hefe verrühren.
- Dinkelvollkornmehl, Salz, Koriander, Fenchelsamen und Kümmel dazugeben und alles zu einem glatten Teig verkneten. Zugedeckt etwa 30 Minuten bei 35 Grad gehen lassen.
- Den Teig auf eine Arbeitsfläche geben, mit Mehl bestreuen und mit den Händen daraus zwölf gleich große Brötchen formen. Auf ein eingefettetes Backblech legen und etwa 20 Minuten gehen lassen.
- Im vorgeheizten Backofen backen.

Ofenpeperoni

- Peperoni waschen und im Backofen braten, bis die Schale dunkelbraun wird.
- Aus dem Ofen nehmen, auskühlen lassen und die Schale abziehen.
- Peperoni teilen, den Strunk und die Samen entfernen und in Streifen schneiden.

Fertigstellung

- Dinkelvollkornbrötchen halbieren und mit der Schnittfläche auf dem Grill oder in einer Pfanne kurz rösten.
- »Gourmet Hax« im Wasserbad bei 80 Grad etwa 15 Minuten erwärmen. Aus dem Vakuumbeutel nehmen und die Fleischfasern vom Knochen zupfen.
- Etwas Speck-Krautsalat auf die unteren Brötchenhälften geben.
- »Gourmet Hax«, Speck-Krautsalat, Ofenpeperoni und Chilisauce daraufschichten.
- Die oberen Brötchenhälften daraufsetzen und servieren.

Bratwurst-Burger

FÜR 4 BURGER

Sauerkraut

400 g	Sauerkraut
750 ml	Wasser
3	Wacholderbeeren
5	Pfefferkörner
½ TL	Kümmel
1	Lorbeerblatt
	Salz
30 g	Butter
70 g	Zwiebeln, in kleine Würfel geschnitten
1	Knoblauchzehe, fein gehackt
1 EL	Mehl

Gebackene Zwiebeln

1	kleine Zwiebel, in Ringe geschnitten
2 EL	Mehl
1 TL	Paprikapulver
	Öl zum Ausbacken
	Salz

Bratwürste

4	Bratwürste
2 EL	Butter
1	Thymianzweig

Brot

4	Vinschgerlen (siehe Seite 38)

Belag

80 g	Gartenkresse
4	gebratene Speckscheiben
2 EL	frischer Kren (Meerrettich), gerieben

Sauerkraut

- Sauerkraut mit Wasser, Wacholderbeeren, Pfefferkörnern, Kümmel, Lorbeerblatt und Salz zugedeckt kochen lassen.
- Butter erhitzen, Zwiebel- und Knoblauchwürfel darin andünsten, mit Mehl bestauben und farblos anschwitzen. Die Mehlschwitze unter das Sauerkraut rühren.

Gebackene Zwiebeln

- Die Zwiebel schälen und in gleichmäßige Ringe schneiden.
- Mehl und Paprikapulver vermischen und die Zwiebelringe darin wenden.
- Im heißen Öl unter ständigem Rühren knusprig ausbacken.
- Zwiebelringe auf Küchenkrepp abtropfen lassen und salzen.

Bratwürste

- Die Bratwürste längs halbieren und in einer Pfanne mit Butter und Thymian braten.

Fertigstellung

- Die Vinschgerlen halbieren und mit der Schnittfläche auf dem Grill oder in einer Pfanne kurz rösten.
- Sauerkraut auf die unteren Brötchenhälften geben.
- Nacheinander die gebratenen Bratwürste, Gartenkresse, Speck und Zwiebelringe daraufschichten.
- Mit Kren würzen und die Brötchendeckel obenauf setzen. Sofort servieren.

Sauerkraut: etwa 50 Minuten
Zwiebelringe: etwa 4 Minuten
Bratwurst: etwa 8 Minuten

Berglamm-Burger

Für 4 Burger

Zwiebelbrötchen (für etwa 12 Brötchen)

80 g	Zwiebeln, fein geschnitten
20 ml	Olivenöl
25 g	Hefe
350 ml	lauwarme Milch
500 g	Mehl
30 g	geröstete Pinoli
2 EL	Majoran
10 g	Salz
2 EL	Milch zum Bestreichen
1 EL	Fenchelsamen zum Bestreuen
2 EL	geröstete Zwiebelwürfel zum Bestreuen

Berglamm-Pattys

500 g	Südtiroler Berglamm (Nuss)
	Salz
	Pfeffer aus der Mühle
1 TL	Zitronenthymian, fein gehackt
	Öl zum Braten
1 EL	Butter
1	Rosmarinzweig

Belag

4 EL	Kräutermayonnaise (siehe Seite 62)
200 g	grüne Bohnen, gekocht und in Stücke geschnitten
100 g	gereifter Ziegenkäse, in Scheiben geschnitten
100 g	rote und gelbe Peperoni, geviertelt und gegrillt
4	gebratene Speckscheiben
20 g	rote Zwiebeln, in Ringe geschnitten

Zwiebelbrötchen:

etwa 180 Grad

etwa 16 Minuten

Zwiebelbrötchen

- Zwiebelwürfel in Olivenöl goldgelb anschwitzen.
- Hefe zerbröseln und in der lauwarmen Milch auflösen.
- Mit Mehl, gerösteten Zwiebelwürfeln, Pinoli, Majoran und Salz zu einem Teig verkneten und zugedeckt 20 Minuten bei 35 Grad gehen lassen.
- Den Teig noch einmal durchkneten und in zwölf gleich schwere Stücke teilen. Teiglinge zu Brötchen formen (rund schleifen) und auf ein gefettetes Backblech legen.
- Mit Milch bestreichen und mit Fenchelsamen sowie gerösteten Zwiebeln bestreuen.
- 20 Minuten gehen lassen und im vorgeheizten Backofen backen.

Berglamm-Pattys

- Lammfleisch von den Sehnen befreien und durch die mittlere Scheibe des Fleischwolfes drehen.
- Mit Salz, Pfeffer und Zitronenthymian würzen, kurz vermischen und aus der Masse vier Pattys formen.
- Pattys in Öl auf beiden Seiten scharf anbraten. Hitze reduzieren und Butter und Rosmarin in die Pfanne geben. Die Pattys fertig braten und dabei immer wieder mit Rosmarinbutter übergießen.

Fertigstellung

- Die Zwiebelbrötchen halbieren und mit der Schnittfläche auf dem Grill oder in einer Pfanne kurz rösten.
- Beide Zwiebelbrötchenhälften mit Kräutermayonnaise bestreichen.
- Auf die unteren Hälften nacheinander grüne Bohnen, Berglamm-Patty, Ziegenkäse, gegrillte Peperoni, Speck und Zwiebelringe schichten.
- Brötchendeckel obenauf setzen und servieren.

Kalbswangen-Burger

FÜR 4 BURGER

Geschmorte Kalbswangen

4	Kalbswangen
2 EL	Öl zum Bestreichen
	Salz
	Pfeffer aus der Mühle
50 g	Zwiebeln
30 g	Karotten
30 g	Stangensellerie
2 EL	Öl zum Braten
120 g	Tomaten (frisch oder aus der Dose)
500 ml	braune Kalbs- oder Gemüsebrühe
je 1	Thymianzweig, Rosmarinzweig, Salbeiblatt, Lorbeerblatt
1	Knoblauchzehe

Brot

4	Zwiebelbrötchen (siehe Seite 46)

Belag

4 EL	Sauerrahm
1 EL	Schnittlauch, fein geschnitten
2 EL	Körnersenf oder Senf
200 g	Kartoffelrösti (siehe Tipps)
200 g	Karotten, geraspelt
4	Salatblätter

Kalbswangen:
180 Grad, fallend auf 160 Grad
etwa 1 Stunde

Geschmorte Kalbswangen

- Das Fett von den Kalbswangen schneiden. Fleisch mit etwas Öl bestreichen und mit Salz und Pfeffer würzen.
- Zwiebeln, Karotten und Stangensellerie putzen, waschen und in mittelgroße Würfel schneiden.
- Kalbswangen in heißem Öl auf allen Seiten braun anbraten. Im auf 180 Grad vorgeheizten Backofen garen. Nach der Hälfte der Garzeit die Temperatur auf 160 Grad reduzieren.
- Gemüsewürfel und Tomaten zum Fleisch geben, etwas mitbraten lassen und mit Kalbsbrühe aufgießen. Kräuter dazugeben und fertig garen.
- Die Kalbswangen aus der Sauce nehmen und in Scheiben schneiden.

Fertigstellung

- Die Zwiebelbrötchen halbieren und mit der Schnittfläche auf dem Grill oder in einer Pfanne kurz rösten.
- Sauerrahm und Schnittlauch verrühren und die Zwiebelbrötchendeckel damit bestreichen.
- Körnersenf auf die unteren Brötchenhälften geben. Nacheinander geraspelte Karotten, Kalbswangenscheiben, Kartoffelrösti und Salat daraufschichten.
- Mit den Zwiebelbrötchendeckeln belegen und servieren.

TIPPS

1. *Für die **Kartoffelrösti** die Kartoffeln schälen, grob raspeln und mit Salz würzen. Öl in einer beschichteten Pfanne erhitzen, Kartoffeln als Häufchen in die Pfanne setzen und andrücken. Die Hitze reduzieren, Rösti mit einer Palette umdrehen und goldbraun braten.*
2. *Sie können den Burger auch mit gegrillten Zucchinischeiben oder Tomaten belegen.*
3. *Ersetzen Sie die Zwiebelbrötchen durch Hamburgerbrötchen (siehe Seite 20).*

Kürbisburger

Für 4 Burger

Ricottabrötchen (für etwa 12 Brötchen)

125 ml	lauwarme Milch
40 g	Ahornsirup oder Honig
25 g	Hefe
600 g	Dinkelvollkornmehl, fein gemahlen
300 g	Ricotta oder Topfen (Quark)
2	Eier
5 g	Fenchelsamen
3 g	Koriander, zerstoßen
10 g	Salz

Kürbis-Pattys

20 g	Zwiebeln, fein geschnitten
2 EL	Butter
400 g	Speisekürbis, grob geraspelt
2 EL	Dinkelmehl
1 Msp.	Kardamom
	Salz
	Pfeffer aus der Mühle
	Öl zum Braten

Belag

4 EL	Sauerrahm oder Creme fraîche
2 EL	Schnittlauch
	Salz
	Pfeffer aus der Mühle
200 g	Brie, in Scheiben geschnitten
8	Salatblätter (z. B. Eichblattsalat)
2 EL	geröstete Mandelstifte
40 g	Lauchzwiebeln, in Ringe geschnitten
	Schnittlauch zum Garnieren

Ricottabrötchen:
etwa 180 Grad
etwa 15 Minuten

Kürbis-Patty: etwa 6 Minuten

Ricottabrötchen

- Lauwarme Milch und Ahornsirup verrühren, Hefe zerbröseln und darin auflösen. Hefeansatz 10 Minuten gehen lassen.
- Mit Dinkelvollkornmehl, Ricotta, Eiern, Fenchelsamen, Koriander und Salz zu einem geschmeidigen Teig verkneten.
- Den Teig zugedeckt etwa 30 Minuten bei 35 Grad gehen lassen.
- Den Teig in zwölf gleich große Stücke teilen. Teiglinge rund schleifen (zu Brötchen formen).
- Die Teigkugeln in eine Silikonform (12 cm Ø) oder auf ein gefettetes Backblech setzen.
- Etwa 15 Minuten gehen lassen und im vorgeheizten Backofen backen.

Kürbis-Pattys

- Zwiebeln in Butter farblos andünsten, mit geraspeltem Kürbis und Dinkelmehl vermischen.
- Die Masse mit Kardamom, Salz und Pfeffer würzen.
- Öl in einer beschichteten Pfanne erhitzen. Glatte Metallringe (10 cm Ø) in die Pfanne legen und mit der Masse füllen. Die Masse mit einem Löffel fest andrücken und die Ringe vorsichtig abziehen. Pattys auf beiden Seiten goldbraun braten.

Fertigstellung

- Ricottabrötchen halbieren und mit der Schnittfläche auf dem Grill oder in einer Pfanne kurz rösten.
- Sauerrahm mit Schnittlauch verrühren, salzen und pfeffern. Beide Ricottabrötchenhälften damit bestreichen.
- Kürbis-Pattys auf die unteren Brötchenhälften legen und obenauf Brie, Salat, geröstete Mandeln und Lauchzwiebelringe schichten.
- Die Ricottabrötchendeckel darauflegen und servieren.

Gemüseburger

Für 4 Burger

Gemüse-Pattys

80 g	Karotten
80 g	Zucchini
100 g	Melanzane (Auberginen)
50 g	Fenchel
30 g	Zwiebeln, fein geschnitten
1	Knoblauchzehe, fein gehackt
1 EL	Olivenöl
	Salz
	Pfeffer aus der Mühle
1 TL	Basilikum, fein geschnitten
1 TL	Petersilie, fein geschnitten
250 g	Kartoffeln, geschält und fein gerieben
2 EL	Dinkelmehl, fein gemahlen
	Olivenöl zum Braten

Brot

4	grüne Burgerbrötchen (siehe Seite 34)

Belag

4 EL	Chilisauce (siehe Seite 54)
2	Ochsenherztomaten, in Scheiben geschnitten
2 EL	Kerbelblätter
2 EL	Basilikumblätter
2	gebratene Knoblauchzehen, in Scheiben geschnitten
20 g	Schalotten, in Ringe geschnitten
2 EL	geröstete Pistazien
	Ringelblumenblüten zum Bestreuen

Gemüse-Pattys

- Karotten schälen, Zucchini, Melanzane und Fenchel waschen und das Gemüse in kleine Würfel schneiden.
- Zwiebel- und Knoblauchwürfel in Olivenöl farblos anschwitzen, Gemüse dazugeben und dünsten.
- Mit Salz, Pfeffer, Basilikum und Petersilie würzen. Die geriebenen Kartoffeln ausdrücken und zusammen mit Dinkelmehl zum Gemüse geben. Gut vermischen und etwas auskühlen lassen.
- Olivenöl in einer beschichteten Pfanne erhitzen. Glatte Metallringe (10 cm Ø) in die Pfanne setzen, mit der Masse füllen, gut andrücken und die Metallringe vorsichtig abziehen. Gemüse-Pattys auf beiden Seiten goldbraun braten.

Fertigstellung

- Die grünen Burgerbrötchen halbieren und mit der Schnittfläche auf dem Grill oder in einer Pfanne kurz rösten.
- Beide Brötchenhälften mit etwas Chilisauce bestreichen.
- Auf die untere Hälfte nacheinander Ochsenherztomaten, Gemüse-Patty, Kerbel, Basilikum, Knoblauch, Schalotten und Pistazien legen. Den Vorgang noch einmal wiederholen.
- Mit Blütenblättern bestreuen, die obere Burgerbrötchenhälfte daraufsetzen und den Gemüse-Burger servieren.

Gemüse: etwa 5 Minuten

Gemüse-Patty: etwa 6 Minuten

TIPP

Sie können für den Patty auch andere Gemüsesorten verwenden, z. B. Urkarotten, Petersilienwurzeln usw.

Mozzarella-Tomaten-Burger

FÜR 4 BURGER

Chilisauce

500 g	rote Peperoni
120 g	Schalotten oder Zwiebeln
1	Knoblauchzehe, fein gehackt
120 ml	Wasser
250 g	Einmachzucker
80 ml	weißer Balsamicoessig
10 g	Ingwer, fein gerieben
1 TL	Chilipulver oder 2 frische Peperoncini, fein geschnitten

Brot

4	Tomatenbrötchen (siehe Seite 74)

Belag

400 g	Mozzarella (4 Kugeln)
2 EL	Olivenöl
160 g	gekochte Broccoliröschen
200 g	Datteltomaten, halbiert
20 g	grüne und rote Basilikumblätter
	Pfeffer aus der Mühle

Chilisauce: etwa 15 Minuten

Mozzarella: etwa 2 Minuten

Chilisauce

- Peperoni und Schalotten schälen und in kleine Würfel schneiden.
- Zusammen mit Knoblauch, Wasser, Einmachzucker, weißem Balsamicoessig, Ingwer und Chilipulver so lange kochen, bis die gewünschte Konsistenz (wie Marmelade) erreicht ist.
- In sterile Weckgläser füllen und sofort luftdicht verschließen.

Fertigstellung

- Die Tomatenbrötchen halbieren und mit der Schnittfläche auf dem Grill oder in einer Pfanne kurz rösten.
- Beide Tomatenbrötchenhälften mit Chilisauce bestreichen.
- Mozzarella-Kugeln halbieren und in einer beschichteten Pfanne in Olivenöl kurz auf beiden Seiten anbraten.
- Auf die unteren Brötchenhälften nacheinander Broccoliröschen, Mozzarella, Basilikum und Datteltomaten schichten und mit Pfeffer bestreuen.
- Die Brötchendeckel daraufsetzen und den Mozzarella-Tomaten-Burger servieren.

TIPPS

1. *Die Peperoni können Sie ganz einfach mit einem Sparschäler schälen.*
2. *Die Chilisauce hält sich, kühl und dunkel aufbewahrt, mehrere Monate.*
3. *Sie können die Mozzarella auch durch Brie oder Camembert ersetzen.*
4. *Statt der Tomatenbrötchen können Sie Hamburger- (siehe Seite 20) oder Ricottabrötchen (siehe Seite 50) verwenden.*

Avocadoburger

Für 4 Burger

Quinoabrötchen (für etwa 12 Brötchen)

25 g	Hefe
250 ml	lauwarmes Wasser
400 g	Mehl
20 g	weiche Butter
1 EL	Sesamöl
100 g	schwarze Quinoa, gekocht
15 g	Salz
2 EL	Milch zum Bestreichen
20 g	gepuffte Quinoa (aus dem Bioladen) zum Bestreuen

Guacamole

2	reife Avocados
1 EL	Limetten- oder Zitronensaft
3 EL	Naturjoghurt
1	Knoblauchzehe, fein gehackt
1	Peperoncino, fein gemahlen
	Salz
	Pfeffer aus der Mühle
1 EL	Petersilie oder Koriander, fein geschnitten

Belag

8	Tomatenscheiben
300 g	Burrata (2 Kugeln) oder Mozzarella
20 g	Zwiebeln, in Ringe geschnitten
20 g	Salat (Frisée oder Eisberg)
2 EL	Chilisauce (siehe Seite 54)

Quinoabrötchen:

etwa 200 Grad

etwa 15 Minuten

Quinoabrötchen

- Hefe zerbröseln und im lauwarmen Wasser auflösen.
- Mehl, weiche Butter, Sesamöl, gekochte Quinoa und Salz dazugeben und alles zu einem geschmeidigen Teig verkneten.
- Den Teig zugedeckt etwa 30 Minuten bei 35 Grad gehen lassen.
- Den Teig halbieren und die Hälften zu Strängen rollen. Jeweils zwölf Teiglinge abstechen und daraus Brötchen formen (rund schleifen).
- Die Brötchen auf ein gefettetes Backblech legen. Mit Milch bestreichen und mit gepuffter Quinoa bestreuen.
- Etwa 20 Minuten zugedeckt gehen lassen und im vorgeheizten Backofen backen.

Guacamole

- Avocados längs halbieren und entkernen. Das Fruchtfleisch mit einem Löffel aus der Schale kratzen.
- Fruchtfleisch in eine Schüssel geben und mit einer Gabel zerdrücken.
- Mit Limettensaft, Naturjoghurt und Knoblauch verrühren und mit Peperoncino, Salz, Pfeffer und Petersilie würzen.

Fertigstellung

- Die Quinoabrötchen halbieren und mit der Schnittfläche auf dem Grill oder in einer Pfanne kurz rösten.
- Die Guacamole mithilfe eines Metallrings auf die unteren Brötchenhälften geben und mit einer Tomatenscheibe belegen.
- Die Burrata halbieren und daraufsetzen. Nacheinander mit Tomatenscheiben, Zwiebelringen und Salatblättern belegen.
- Die Brötchendeckel mit Chilisauce bestreichen, obenauf setzen und servieren.

Tofu-Sprossen-Burger

FÜR 4 BURGER

Tofu

400 g	Tofu, in Scheiben geschnitten
2 EL	Olivenöl
1	Rosmarinzweig
1 EL	Sesam

Gemüse

250 g	Karotten
100 g	Mangold
50 g	Frühlingszwiebeln
100 g	Sojasprossen
80 g	Olivenöl
	Salz
1 EL	Kerbel, grob geschnitten
1 TL	Kurkumapulver
1 EL	Ingwer, fein gerieben
4 EL	Sojasauce

Brot

4	Quinoabrötchen (siehe Seite 56)

Weiteres

4 EL	Chilisauce (siehe Seite 54)
20 g	Austern- oder Gartenkresse
20 g	Radieschensprossen

Tofu: etwa 10 Minuten

Gemüse: etwa 8 Minuten

Tofu

- Tofu mit Olivenöl und Rosmarin auf beiden Seiten braten.
- Mit etwas Sesam bestreuen, fertig braten und warm stellen.

Gemüse

- Karotten schälen, halbieren und in feine Streifen schneiden.
- Mangold und Frühlingszwiebeln waschen und ebenfalls in feine Streifen schneiden. Sojasprossen waschen.
- Olivenöl erhitzen, das Gemüse und die Sojasprossen darin kurz dünsten.
- Mit Salz, Kerbel, Kurkuma, Ingwer und Sojasauce würzen.

Fertigstellung

- Die Quinoabrötchen halbieren und mit der Schnittfläche auf dem Grill oder in einer Pfanne kurz rösten.
- Die unteren Brötchenhälften mit Chilisauce bestreichen und mit etwas Gemüse belegen.
- Den gebratenen Tofu, Gemüse, Austernkresse und Radieschensprossen daraufschichten.
- Brötchendeckel obenauf setzen und servieren.

TIPPS

1. *Stechen Sie den Tofu mithilfe eines Ausstechers rund aus.*
2. *Sie können den Tofu auch panieren und in Öl ausbacken.*
3. *Verwenden Sie für den Burger statt Tofu einen Gemüse-Patty (siehe Seite 52).*

Truthahnburger

Für 4 Burger

Kamut-Körnerbrötchen (für etwa 12 Brötchen)

- 20 g Hefe
- 300 ml lauwarmes Wasser
- 300 g Kamutmehl
- 200 g Weizenmehl
- 50 ml Olivenöl
- ½ TL Salz

Weiteres

- 2 EL Milch zum Bestreichen
- 100 g Körner (Sonnenblumenkerne, Leinsamen, Sesam, Kürbiskerne), grob gehackt, zum Bestreuen

Truthahn-Pattys

- 500 g Truthahnbrust
- Salz
- Pfeffer aus der Mühle
- 2 EL Öl zum Braten
- 1 EL Butter
- 1 Thymianzweig

Belag

- 4 EL Mayonnaise (siehe Seite 62)
- 1 EL Currypulver
- 1 Tomate, in Scheiben geschnitten
- 200 g Provolone, in Scheiben geschnitten
- 4 Salatblätter (z. B. Eisbergsalat)
- 2 EL geröstete Pinoli (siehe Seite 28)
- 20 g gebackene Zwiebelringe (siehe Seite 40)

Kamut-Körnerbrötchen:
etwa 190 Grad
etwa 40 Minuten

Truthahn-Patty:
etwa 10 Minuten

Kamut-Körnerbrötchen

- Hefe zerbröseln und in lauwarmem Wasser auflösen.
- Kamut- und Weizenmehl vermischen. Mit der aufgelösten Hefe, Olivenöl und Salz zu einem geschmeidigen Teig verkneten.
- Den Teig zugedeckt etwa 30 Minuten bei 35 Grad gehen lassen.
- Den Teig in 12 gleich große Stücke teilen und Teiglinge zu Brötchen formen (rund schleifen).
- Auf ein gefettetes Backblech legen, mit Milch bestreichen und mit den gehackten Körnern bestreuen.
- Zugedeckt 20 Minuten gehen lassen und im vorgeheizten Backofen backen.

Truthahn-Pattys

- Fleisch von den Sehnen befreien und durch die mittlere Scheibe des Fleischwolfes drehen.
- Mit Salz und Pfeffer würzen, kurz vermischen und aus der Masse vier Pattys formen.
- Öl in einer Pfanne erhitzen und die Pattys auf beiden Seiten kräftig anbraten. Die Hitze reduzieren, Butter und Thymian dazugeben und die Truthahn-Pattys kurz nachbraten. Dabei immer wieder mit der Thymianbutter übergießen.

Fertigstellung

- Die Kamut-Körnerbrötchen halbieren und mit der Schnittfläche auf dem Grill oder in einer Pfanne kurz rösten.
- Mayonnaise mit Currypulver verrühren und auf die unteren Brötchenhälften streichen.
- Truthahn-Patty, Tomaten, Provolone, Salat, Pinoli und Zwiebelringe darauflegen.
- Die Brötchendeckel mit Curry-Mayonnaise bestreichen, obenauf setzen und die Burger servieren.

Geflügel-Gorgonzola-Burger

Für 4 Burger

Kürbisbrötchen (für etwa 12 Brötchen)

25 g	Hefe
260 ml	lauwarmes Wasser
500 g	Mehl
2 EL	Kürbiskernöl
100 g	Kürbis, gekocht und püriert
1 EL	Rosmarin, fein gehackt
2 g	Fenchelsamen, zerstoßen
10 g	Salz
1	Ei zum Bestreichen
1 EL	Salzblüte (Fleur de Sel)
2 EL	Kürbiskerne, grob gehackt

Mayonnaise

2	Eigelb oder 40 g pasteurisiertes Eigelb
½ TL	Senf
1 EL	Wasser
250 ml	Sonnenblumenöl
1 Spritzer	Weißweinessig
1 TL	Zitronensaft
	Salz

Belag

4	gebratene Truthahn-Pattys (siehe Seite 60)
4	Birnenscheiben
100 g	Gorgonzola, in Würfel geschnitten
4 EL	Birnen-Chutney
20 g	Mizuna (Senfsalat)

Kürbisbrötchen:
etwa 180 Grad
etwa 15 Minuten

Kürbisbrötchen

- Hefe zerbröseln und im lauwarmen Wasser auflösen.
- Mit Mehl, Kürbiskernöl, Kürbispüree, Rosmarin, Fenchelsamen und Salz zu einem Teig verkneten. Zugedeckt etwa 30 Minuten bei 35 Grad gehen lassen.
- Den Teig in zwölf gleich große Stücke teilen. Teiglinge zu Brötchen formen und auf ein eingefettetes Backblech legen. Mit verquirltem Ei bestreichen, mit Salzblüte und Kürbiskernen bestreuen und weitere 20 Minuten zugedeckt gehen lassen.
- Im vorgeheizten Backofen backen.

Mayonnaise

- Eigelb, Senf und Wasser mit dem Schneebesen oder Handrührgerät gut verrühren.
- Das Sonnenblumenöl fadenweise unter die Eigelbmasse rühren, bis eine Emulsion entsteht. Mit Weißweinessig, Zitronensaft und Salz würzen.

Fertigstellung

- Die Kürbisbrötchen halbieren und mit der Schnittfläche auf dem Grill oder in einer Pfanne kurz rösten.
- Die unteren Brötchenhälften mit je 1 Esslöffel Mayonnaise bestreichen. Mit Truthahn-Patty, Birnenscheiben, Mizuna, Gorgonzola und Birnen-Chutney belegen.
- Restliche Brötchenhälften daraufsetzen und servieren.

VARIATIONEN

Kräutermayonnaise: Für eine grüne Sauce mixen Sie mit einem Pürierstab 2 Esslöffel Kräuter (z. B. Kerbel, Petersilie, Basilikum) unter die Mayonnaise. Wenn Sie die Kräuter nur unterrühren ohne zu mixen, bleibt die Sauce hell.
Zitronenmayonnaise: Geben Sie zur Mayonnaise noch 1 Teelöffel fein geriebene Zitronenschale und 2 Esslöffel Zitronensaft.
Aioli-Mayonnaise: Rühren Sie 2 fein gehackte Knoblauchzehen unter die Mayonnaise.

Burger mit gebackener Hühnerbrust

FÜR 4 BURGER

Baguettebrötchen (für etwa 12 Brötchen)

30 g	Hefe
300 ml	lauwarme Milch
500 g	Mehl
40 g	weiche Butter
15 g	Salz
6 g	Zucker

Gebackene Hühnerbrust

400 g	Hühnerbrust
	Salz
	Pfeffer aus der Mühle
50 g	Mehl zum Panieren
1	Ei zum Panieren
100 g	Panko oder Brotbrösel zum Panieren
	Backfett

Belag

4 EL	Mayonnaise (siehe Seite 62)
2 EL	Tomatenketchup (siehe Seite 84)
50 g	gemischte Blattsalate
100 g	Datteltomaten, in Scheiben geschnitten
100 g	Steinpilze oder Champignons, geröstet
1 EL	Paprikapulver

Baguettebrötchen:
etwa 200 Grad
etwa 15 Minuten

Gebackene Hühnerbrust:
etwa 3 Minuten

Baguette-Brötchen

- Hefe zerbröseln und in der lauwarmen Milch auflösen.
- Mit Mehl, weicher Butter, Salz und Zucker zu einem glatten, geschmeidigen Teig verkneten.
- Den Teig zugedeckt etwa 30 Minuten bei 35 Grad gehen lassen.
- Den Teig noch einmal durchkneten, portionieren und zu länglichen Brötchen formen. Die Oberfläche mit einem scharfen Messer schräg einschneiden.
- Die Baguettebrötchen auf ein eingefettetes Backblech legen und zugedeckt 20 Minuten gehen lassen.
- Im vorgeheizten Backofen backen.

Gebackene Hühnerbrust

- Hühnerbrust in dünne Schnitzel schneiden und mit Salz und Pfeffer würzen.
- Schnitzel in Mehl und verquirltem Ei wenden und mit Panko panieren.
- In Fett goldgelb backen.

Fertigstellung

- Die Baguettebrötchen halbieren und mit der Schnittfläche auf dem Grill oder in einer Pfanne kurz rösten.
- Die unteren Brötchenhälften mit Mayonnaise und Tomatenketchup bestreichen.
- Darauf nacheinander etwas Salat, einen Teil der Datteltomaten, Pilze und gebackene Hühnerbrust legen.
- Mayonnaise, Tomatenketchup, die restlichen Datteltomaten und Salat obenauf schichten, mit Paprikapulver würzen, die Deckel der Baguettebrötchen daraufsetzen und servieren.

Hirschburger

Für 4 Burger

Mohnbrötchen (für etwa 12 Brötchen)

300 ml	lauwarmes Wasser
1 TL	Honig
20 g	Hefe
500 g	Mehl
1 EL	Olivenöl
15 g	Salz
30 ml	Milch zum Bestreichen
30 g	Mohn zum Bestreuen

Hirsch-Pattys

500 g	Hirschnuss
	Salz
	Pfeffer aus der Mühle
1 TL	Thymian, fein gehackt
½ TL	Wacholderbeeren, fein gehackt
2 EL	Öl zum Braten
1 EL	Butter
1	Rosmarinzweig

Belag

2 EL	Mayonnaise (siehe Seite 62) oder Senf
4 EL	Preiselbeermarmelade
8	Hirschschinkenscheiben
8	gegrillte Chicoréeblätter
4 EL	gedünstete Zwiebelwürfel
4 TL	Kren (Meerrettich), gerieben

Mohnbrötchen:
etwa 180 Grad
etwa 15 Minuten

Hirsch-Patty:
etwa 4 Minuten

Mohnbrötchen

- Lauwarmes Wasser mit Honig verrühren, Hefe zerbröseln und darin auflösen.
- Mehl, Olivenöl und Salz dazugeben und alles zu einem geschmeidigen Teig verkneten.
- Den Teig zugedeckt etwa 30 Minuten bei 35 Grad gehen lassen.
- Den Teig in zwölf gleich große Stücke teilen und Teiglinge zu Brötchen formen (rund schleifen).
- Brötchen auf ein eingefettetes Backblech legen, mit Milch bestreichen und mit Mohn bestreuen.
- Zugedeckt 20 Minuten gehen lassen und im vorgeheizten Backofen backen.

Hirsch-Pattys

- Die Hirschnuss von den Sehnen befreien und durch die mittlere Scheibe des Fleischwolfes drehen.
- Das faschierte Hirschfleisch mit Salz, Pfeffer, Thymian und Wacholder würzen, kurz vermengen und aus der Masse vier Pattys formen.
- Hirsch-Pattys in Öl auf beiden Seiten scharf anbraten. Die Hitze reduzieren, Butter und Rosmarin dazugeben und die Hirsch-Pattys kurz nachbraten. Dabei immer wieder mit der Rosmarinbutter übergießen.

Fertigstellung

- Die Mohnbrötchen halbieren und mit der Schnittfläche auf dem Grill oder in einer Pfanne kurz rösten.
- Auf die unteren Brötchenhälften etwas Mayonnaise und Preiselbeermarmelade streichen.
- Darauf Hirsch-Patty, Chicorée, Hirschschinken, Preiselbeermarmelade und Zwiebelwürfel schichten.
- Mit Kren bestreuen, den Deckel der Mohnbrötchen obenauf setzen und servieren.

Pulled-Pork-Burger

FÜR 4 BURGER

Marinade

1 EL Paprikapulver
2 EL gedünstete Zwiebeln
1 Knoblauchzehe, fein gehackt
Pfeffer aus der Mühle
1 TL Kümmel
1 TL Rosmarin, fein gehackt
2 EL Senf
1 TL frischer Peperoncino, fein geschnitten
2 EL brauner Zucker

Pulled Pork

800 g Schweinsnacken (Schopf, Hals)
2 EL Öl
Salz

Weiteres

100 ml Chilisauce (siehe Seite 54)
100 ml Malzbier

Karottensalat

200 g Karotten
1 EL Apfelessig
2 EL Olivenöl
4 EL Naturjoghurt
Salz
Pfeffer aus der Mühle
1 EL Schnittlauch, fein geschnitten

Brot

4 Hamburgerbrötchen (siehe Seite 20)

Belag

40 g Zwiebeln, in Ringe geschnitten
1 EL Gartenkresse

Marinade

- Paprikapulver, Zwiebeln, Knoblauch, Pfeffer, Kümmel, Rosmarin, Senf, Peperoncino und braunen Zucker gut verrühren.

Pulled Pork

- Schweinsnacken mit Öl einreiben und mit der Marinade bestreichen. Gut einmassieren und das Fleisch im Kühlschrank mindestens 2–3 Stunden (besser über Nacht) marinieren lassen.
- Das Fleisch im vorgeheizten Smoker mit geschlossenem Deckel grillen. Wenn es eine Kerntemperatur von 90 Grad erreicht hat, in Alufolie wickeln und 30 Minuten ruhen lassen.
- Das Fleisch mit zwei Gabeln zerteilen (zupfen). Mit Chilisauce und Malzbier gut vermischen.

Karottensalat

- Karotten waschen, schälen und in feine Streifen schneiden. Mit Apfelessig, Olivenöl, Naturjoghurt, Salz, Pfeffer und Schnittlauch marinieren.

Fertigstellung

- Hamburgerbrötchen halbieren und mit der Schnittfläche auf dem Grill oder in einer Pfanne kurz rösten.
- Karottensalat auf die unteren Brötchenhälften geben.
- Nacheinander je 100 g Pulled Pork, Zwiebelringe und Gartenkresse daraufschichten.
- Die oberen Brötchenhälften auflegen und servieren.

Pulled Pork im Smoker:
etwa 100 Grad
etwa 18 Stunden

Lachsburger

Für 4 Burger

Lachs-Pattys

600 g Lachs- oder Wildlachsfilet
1 EL Dill
Salz
Pfeffer aus der Mühle
1 EL Zitronenthymian, fein geschnitten
2 EL Olivenöl
1 EL Butter
1 Thymianzweig
1 Knoblauchzehe, in Scheiben geschnitten

Brot

4 Mohnbrötchen (siehe Seite 66)

Belag

4 EL Naturjoghurt
1 EL Dill, fein geschnitten
Salz
200 g grüner Spargel, gekocht
4 Salatblätter (z. B. Eisbergsalat)
20 g Zwiebeln, in Ringe geschnitten

Weiteres

1 EL Dill
1 TL rosa Pfeffer, zerquetscht
4 EL Chilisauce (siehe Seite 54)

Lachs-Patty: etwa 8 Minuten

Lachs-Pattys

- Lachs mit einem Messer fein hacken oder durch die mittlere Scheibe des Fleischwolfes drehen.
- Mit Dill, Salz, Pfeffer und Zitronenthymian würzen, kurz vermischen und aus der Masse acht Pattys formen.
- Lachs-Pattys in Olivenöl auf beiden Seiten kräftig anbraten. Die Hitze reduzieren und Butter, Thymian und Knoblauch dazugeben. Die Lachs-Pattys fertig braten und dabei immer wieder mit der Thymian-Knoblauch-Butter übergießen.

Fertigstellung

- Mohnbrötchen halbieren und mit der Schnittfläche auf dem Grill oder in einer Pfanne kurz rösten.
- Naturjoghurt mit Dill und Salz verrühren.
- Die unteren Mohnbrötchenhälften damit bestreichen.
- Nacheinander mit Lachs-Patty, grünem Spargel, Salat, Zwiebelringen und Dill belegen und mit rosa Pfeffer bestreuen. Den Vorgang wiederholen.
- Die Deckel der Mohnbrötchen mit Chilisauce bestreichen und den Burger damit abdecken. Sofort servieren.

TIPPS

1. *Sie können den Burger auch noch mit Taggiasche-Oliven oder Tomatenscheiben belegen.*
2. *Nehmen Sie statt Lachs Zander- oder Forellenfilet.*
3. *Ersetzen Sie die Mohnbrötchen durch Zwiebel- (siehe Seite 46) oder Hamburgerbrötchen (siehe Seite 20).*
4. *Sie können statt des grünen Spargels auch gegrilltes Gemüse, z. B. Peperoni, Melanzane oder Zucchini, verwenden.*

Garnelenburger

Für 4 Burger

Olivenbrötchen (für etwa 12 Brötchen)

120 ml	lauwarme Milch
1 TL	Honig
25 g	Hefe
500 g	Mehl
125 g	Naturjoghurt
2	Eier
1 TL	Oregano
100 g	Oliven, grob gehackt
10 g	Salz

Weiteres

1	Ei zum Bestreichen
80 g	Pinoli, grob gehackt
50 g	Oliven, grob gehackt
1 EL	Rosmarin, fein gehackt
1 EL	Salzblüte (Fleur de Sel)

Garnelen-Patty

400 g	geschälte Garnelenschwänze
	Salz
1	Peperoncino, fein geschnitten
1 EL	Petersilie, fein geschnitten
2 EL	Olivenöl
1	Thymianzweig
4	Knoblauchscheiben

Belag

4 EL	Kräutermayonnaise (siehe Seite 62)
200 g	gegrillte Zucchinischeiben
8	Garnelenschwänze, gebraten
4	Salatblätter (Eichblatt)
20 g	Lauchzwiebeln, in Ringe geschnitten
1 EL	Salzkapern

Olivenbrötchen:
etwa 180 Grad
etwa 15 Minuten

Garnelen-Patty: etwa 8 Minuten

Olivenbrötchen

- Lauwarme Milch, Honig und zerbröselte Hefe verrühren.
- Mit Mehl, Naturjoghurt, Eiern, Oregano, Oliven und Salz zu einem geschmeidigen Teig verkneten.
- Den Teig zugedeckt etwa 30 Minuten bei 35 Grad gehen lassen.
- Den Teig portionieren, aus den Teiglingen Brötchen formen und auf ein eingefettetes Backblech legen.
- Die Brötchen mit verquirltem Ei bestreichen. Pinoli, Oliven, Rosmarin und Salzblüte vermischen und die Brötchen damit bestreuen.
- 20 Minuten zugedeckt gehen lassen und im vorgeheizten Backofen backen.

Garnelen-Pattys

- Garnelenschwänze mit einem Messer fein hacken.
- Mit Salz, Peperoncino und Petersilie würzen, kurz vermischen und aus der Masse vier Pattys formen.
- Pattys in Olivenöl auf beiden Seiten anbraten. Hitze reduzieren, Thymian und Knoblauch dazugeben und die Pattys fertig garen.

Fertigstellung

- Olivenbrötchen halbieren und mit der Schnittfläche auf dem Grill oder in einer Pfanne kurz rösten.
- Die unteren Hälften mit Kräutermayonnaise bestreichen und einige gegrillte Zucchinischeiben darauflegen.
- Nacheinander Garnelen-Patty, gegrillte Zucchini, gebratene Garnelenschwänze, Salat, Lauchzwiebeln und Kapern daraufschichten.
- Mit etwas Kräutermayonnaise abschließen und Olivenbrötchendeckel obenauf setzen. Sofort servieren.

Thunfischburger

Für 4 Burger

Tomatenbrötchen (für etwa 12 Brötchen)

25 g	Hefe
250 ml	lauwarmes Wasser
500 g	Mehl
1 EL	Olivenöl
50 g	Tomatenmark
1 EL	Thymianblättchen
1	Knoblauchzehe, fein gehackt
10 g	Salz
2	frische Peperoncini, fein geschnitten

Weiteres

2 EL	Milch zum Bestreichen
80 g	getrocknete Tomaten, fein geschnitten
1 EL	Koriander, zerstoßen
2 EL	Pfeffer, zerstoßen
1 EL	Salzblüte (Fleur de Sel)

Cocktailsauce

150 g	Mayonnaise (siehe Seite 62)
50 ml	Tomatenketchup (siehe Seite 84)
10 ml	Cognac oder Brandy
1 Spritzer	Tabasco
50 ml	geschlagene Sahne

Belag

200 g	Thunfisch (Sushi-Qualität), in Scheiben geschnitten
1 EL	Wasabi-Paste
150 g	Fenchel, in dünne Scheiben geschnitten
20 g	Erbsensprossen
20 g	weiße Zwiebeln, in Ringe geschnitten
60 g	grüne Oliven, entsteint und in Scheiben geschnitten
2 EL	Fenchelgrün

Tomatenbrötchen

- Hefe zerbröseln und in lauwarmem Wasser auflösen.
- Mit Mehl, Olivenöl, Tomatenmark, Thymian, Knoblauch, Salz und Peperoncini zu einem glatten Teig verkneten
- Den Teig zugedeckt etwa 30 Minuten bei 35 Grad gehen lassen.
- Den Teig in zwölf Stücke teilen und aus den Teiglingen Brötchen formen (rund schleifen).
- Die Brötchen auf ein eingefettetes Backblech setzen und mit Milch bestreichen.
- Getrocknete Tomaten, Koriander, Pfeffer und Salzblüte vermischen und die Brötchen damit bestreuen.
- Zugedeckt 20 Minuten gehen lassen und im vorgeheizten Backofen backen.

Cocktailsauce

- Mayonnaise mit Tomatenketchup, Cognac und Tabasco verrühren und die geschlagene Sahne unterziehen.

Fertigstellung

- Tomatenbrötchen halbieren und mit der Schnittfläche auf dem Grill oder in einer Pfanne kurz rösten.
- Auf beide Tomatenbrötchenhälften etwas Cocktailsauce geben.
- Thunfisch mit Salz würzen und mit Wasabi bestreichen.
- Auf die unteren Brötchenhälften nacheinander Thunfisch, Fenchel, Erbsensprossen, grüne Oliven, Zwiebelringe und Fenchelgrün schichten.
- Brötchendeckel obenauf setzen und servieren.

Tomatenbrötchen:
etwa 180 Grad
etwa 15 Minuten

Räucherforellentatar-Burger

FÜR 4 BURGER

Sesam-Preiselbeer-Brötchen (für etwa 12 Brötchen)

25 g	Hefe
250 ml	lauwarmes Wasser
500 g	Mehl
1 EL	Olivenöl
1 EL	Thymianblätter
10 g	Salz

Weiteres

1 EL	Milch zum Bestreichen
80 g	getrocknete Preiselbeeren
2 EL	weißer Sesam

Räucherforellentatar

400 g	Räucherforellenfilet
100 g	Salatgurke, geschält und in kleine Würfel geschnitten
1 EL	Zitronensaft
100 ml	leicht geschlagene Sahne
	Salz
	Pfeffer aus der Mühle

Weiteres

4	Tomatenscheiben
20 g	Gartenkresse
100 g	Radieschen, in dünne Scheiben geschnitten
60 g	Mayonnaise (siehe Seite 62)

Sesam-Preiselbeer-Brötchen:
180 Grad
etwa 15 Minuten

Sesam-Preiselbeer-Brötchen

- Hefe zerbröseln und in lauwarmem Wasser auflösen.
- Mit Mehl, Olivenöl, Thymian und Salz zu einem glatten Teig verkneten.
- Den Teig zugedeckt etwa 30 Minuten bei 35 Grad gehen lassen.
- Den Teig in zwölf Stücke teilen und aus den Teiglingen Brötchen formen (rund schleifen).
- Die Brötchen auf ein eingefettetes Backblech setzen. Mit Milch bestreichen und mit Preiselbeeren und Sesam bestreuen.
- Zugedeckt etwa 20 Minuten gehen lassen und im vorgeheizten Backofen backen.

Räucherforellentatar

- Räucherforelle in kleine Würfel schneiden und mit Salatgurke, Zitronensaft und Sahne vermengen. Mit Salz und Pfeffer würzen.

Fertigstellung

- Sesam-Preiselbeer-Brötchen halbieren und mit der Schnittfläche auf dem Grill oder in einer Pfanne kurz rösten.
- Auf die unteren Brötchenhälften je eine Tomatenscheibe legen und Räucherforellentatar daraufgeben.
- Mit Gartenkresse, Radieschen und Mayonnaise belegen. Brötchendeckel obenauf setzen und servieren.

TIPPS

1. *Sie können für diesen Burger auch Räucherlachs, Räucheraal oder geräucherte Makrele verwenden.*
2. *Anstelle von Sesam-Preiselbeer-Brötchen nehmen Sie Zwiebel- (siehe Seite 46) oder Hamburgerbrötchen (siehe Seite 20).*

Meeresfrüchte-Burger

FÜR 4 BURGER

Meeresfrüchte

400 g	Miesmuscheln *(cozze)*
2 EL	Olivenöl
1	Knoblauchzehe, fein gehackt
20 ml	Weißwein
300 g	geschälte Garnelen-schwänze
300 g	Kalmare *(calamari)*
1 EL	Petersilie, fein geschnitten
	Salz
	Pfeffer aus der Mühle

Brot

4	Seppiabrötchen (siehe Seite 80)

Belag

4 EL	Zitronenmayonnaise (siehe Seite 62)
80 g	Radicchioblätter
50 g	Eiskraut oder Basilikum
20 g	rote Zwiebeln, in Ringe geschnitten
100 g	Kapern

Meeresfrüchte:
etwa 5 Minuten

Meeresfrüchte

- Miesmuscheln waschen, putzen, vom Bart befreien.
- Olivenöl in einem Topf erhitzen, Muscheln und Knoblauch dazugeben, mit Weißwein ablöschen und zugedeckt garen.
- Muscheln aus den Schalen brechen.
- Garnelen halbieren und zusammen mit den Kalmaren in etwas Olivenöl anbraten.
- Muscheln dazugeben und mit Petersilie, Salz und Pfeffer würzen.

Fertigstellung

- Seppiabrötchen halbieren und mit der Schnittfläche auf dem Grill oder in einer Pfanne kurz rösten.
- Beide Brötchenhälften mit Zitronenmayonnaise bestreichen.
- Auf die unteren Hälften nacheinander Meeresfrüchte, Radicchio, Eiskraut, Zwiebelringe und Kapern schichten.
- Die oberen Brötchenhälften daraufsetzen und servieren.

TIPP

Zu diesem Burger passen auch Oliven- (siehe Seite 72) oder Hamburgerbrötchen (siehe Seite 20) sehr gut.

Seeteufel-Burger

FÜR 4 BURGER

Seppiabrötchen (für etwa 15 Brötchen)

20 g	Hefe
250 ml	lauwarme Milch
500 g	Mehl
4	Eigelb
60 g	weiche Butter
2 Pkg.	Seppiatinte
1	Knoblauchzehe, fein gehackt
10 g	Salz
2 EL	Wasser zum Bestreichen
50 g	Kokosflocken zum Bestreuen

Seeteufel

400 g	Seeteufelfilet
	Salz
	Pfeffer aus der Mühle
4	Salbeiblätter
2 EL	Olivenöl

Belag

2 EL	Aioli-Mayonnaise (siehe Seite 62)
4	Rohschinkenscheiben
20 g	glasierte Schalotten (siehe Seite 28)
200 g	gelbe und rote Peperoni, in Streifen geschnitten und gegrillt
50 g	Basilikumblätter
50 g	Taggiasche-Oliven, entsteint und halbiert

Seppiabrötchen:
etwa 180 Grad
etwa 15 Minuten

Seeteufel: etwa 5 Minuten

Seppiabrötchen

- Hefe zerbröseln und in der lauwarmen Milch auflösen.
- Mit Mehl, Eigelb, weicher Butter, Seppiatinte und Salz zu einem geschmeidigen Teig verkneten.
- Den Teig zugedeckt bei 35 Grad etwa 30 Minuten gehen lassen.
- Den Teig in zwölf Stücke teilen und daraus Brötchen formen (rund schleifen).
- Die Brötchen auf ein eingefettetes Backblech setzen, mit Wasser bestreichen und mit Kokosflocken bestreuen.
- Zugedeckt 20 Minuten gehen lassen und im vorgeheizten Backofen backen.

Seeteufel

- Seeteufelfilet in vier Medaillons schneiden, mit Salz und Pfeffer würzen.
- In Olivenöl beidseitig anbraten, Salbei dazugeben und fertig braten.

Fertigstellung

- Seppiabrötchen halbieren und mit der Schnittfläche auf dem Grill oder in einer Pfanne kurz rösten.
- Beide Brötchenhälften mit Aioli-Mayonnaise bestreichen.
- Auf die unteren Brötchenhälften nacheinander Seeteufel, Schalotten, Peperoni, Basilikum, Rohschinken und Taggiasche-Oliven schichten.
- Die Brötchendeckel daraufsetzen und servieren.

TIPPS

1. *Servieren Sie die Burger mit Oliven- (siehe Seite 72) oder Hamburgerbrötchen (siehe Seite 20).*
2. *Anstelle der Aioli-Mayonnaise können Sie Cocktailsauce (siehe Seite 74) verwenden.*

Mandelburger mit Himbeeren

FÜR 4 BURGER

Mandelbrötchen (für etwa 12 Brötchen)

25 g	Hefe
250 ml	lauwarme Milch
400 g	Mehl
100 g	Mandelmehl
4	Eigelb
70 g	weiche Butter
2 EL	Zucker
5 g	Salz
1	Ei zum Bestreichen
2 EL	Mandelblättchen zum Bestreuen

Zitronencreme

½	Vanilleschote oder 1 Pkg. Vanillezucker
250 ml	Milch
1 Prise	Salz
3 Blatt	Gelatine
30 ml	Limoncello (Zitronenlikör)
1	Ei
2	Eigelb
100 g	Zucker
250 ml	geschlagene Sahne

Belag

200 g	Himbeeren
100 g	geschlagene Sahne
2 EL	geröstete Mandelblättchen
4	Waldmeisterherzen zum Garnieren

Mandelbrötchen:
200 Grad
etwa 15 Minuten

Mandelbrötchen

- Hefe zerbröseln und in der lauwarmen Milch auflösen.
- Mit Mehl, Mandelmehl, Eigelb, weicher Butter, Zucker und Salz zu einem geschmeidigen Teig verkneten.
- Den Teig zugedeckt bei 35 Grad etwa 30 Minuten gehen lassen.
- Den Teig portionieren und zu Brötchen formen (rund schleifen).
- Die Brötchen auf ein eingefettetes Backblech setzen, mit verquirltem Ei bestreichen und mit Mandelblättchen bestreuen.
- Zugedeckt 20 Minuten gehen lassen und im vorgeheizten Backofen backen.

Zitronencreme

- Vanilleschote der Länge nach aufschlitzen, Vanillemark herauskratzen.
- Milch, Salz und Vanillemark aufkochen. Gelatine in kaltem Wasser einweichen.
- In einer Stahlschüssel Limoncello, Ei, Eigelb und Zucker verrühren.
- Die heiße Vanillemilch unter Rühren dazugeben und alles über dem Wasserbad (82 Grad) zur Rose abziehen. (Die Masse darf auf keinen Fall kochen!)
- Eventuell durch ein Sieb seihen und die gut ausgedrückte Gelatine darin auflösen.
- Die Creme unter Rühren auf etwa 10 Grad abkühlen lassen.
- Wenn die Creme zu stocken beginnt, noch einmal durchrühren und geschlagene Sahne unterheben.

Fertigstellung

- Mandelbrötchen halbieren und Zitronencreme auf die unteren Brötchenhälften geben.
- Himbeeren darauf verteilen und mit geschlagener Sahne und gerösteten Mandelblättchen garnieren.
- Brötchendeckel obenauf setzen und mit Waldmeisterherzen garniert servieren.

ca. 50 Minuten · einfach

Pommes frites mit Tomatenketchup (Foto siehe Seite 16)

FÜR 4 PERSONEN

Tomatenketchup

1 kg	Tomaten (Datteltomaten oder San-Marzano-Tomaten)
1	Knoblauchzehe, fein gehackt
150 g	Zwiebeln, fein geschnitten
40 ml	Weißweinessig
4 EL	Zucker
2 TL	Ingwer, gerieben
2 Msp.	Senfpulver
10	Korianderkörner, zerstoßen
	Salz
	Pfeffer aus der Mühle

Pommes frites

600 g	mehlige Kartoffeln
	Salz

Weiteres

Backfett

Pommes frites:
140 Grad/4 Minuten zum Vorbacken
180 Grad/2 Minuten zum Fertigbacken
etwa 6 Minuten

Tomatenketchup

- Tomaten waschen, Stilansatz herausschneiden und die Tomatenhaut kreuzweise einritzen.
- Tomaten einige Sekunden in kochendem Wasser blanchieren, herausnehmen und in Eiswasser abschrecken.
- Tomaten schälen, vierteln und entkernen. Im Mixer fein pürieren.
- Knoblauch, Zwiebelwürfel, Weißweinessig, Zucker, Ingwer, Senfpulver, Korianderkörner, Salz und Pfeffer dazugeben und köcheln lassen.
- Alles pürieren und durch ein feines Sieb passieren.

Pommes frites

- Kartoffeln waschen, schälen und in 5–7 cm lange, bleistiftdicke Stäbchen schneiden.
- Kartoffelstäbchen in kaltem Wasser wässern. Herausnehmen, abtropfen lassen und mit einem Küchentuch abtrocknen.
- Die gut abgetrockneten Kartoffelstäbchen portionsweise zweimal im heißen Fett ausbacken.
- In eine Schüssel geben, salzen und sofort servieren.

Tomatenketchup: etwa 40 Minuten

TIPPS

1. *Der Tomatenketchup hält sich einige Monate, wenn er in sterile Flaschen oder Gläser gefüllt, eingeweckt oder eingefroren wird.*
2. *Sie können die Pommes frites auch im Ofen zubereiten. Vermischen Sie die Kartoffelstäbchen mit Öl und geben Sie sie dann auf ein Backblech. Bei 220 Grad im vorgeheizten Backofen knusprig backen.*
3. *Vor dem Frittieren müssen die Kartoffeln gut gewässert werden, damit die Stärke herausgewaschen wird und die Pommes gleichmäßig garen. Gut abtrocknen, da es sonst beim Frittieren spritzt.*
4. *Damit die geschälten, in Stäbchen geschnittenen Kartoffeln nicht braun werden, bis zur weiteren Verwendung in kaltes Wasser legen.*

lspalten (Foto siehe Seite 16)

itung

eln waschen und in Spalten schneiden.
vasser blanchieren, abgießen, Wasser gut ab-
lassen und die Kartoffeln auf einem Backblech
ten.
ıer Pfanne erhitzen, Kartoffeln hineingeben,
nbraten und mit Salz und Pfeffer würzen.
nne in den vorgeheizten Backofen stellen und
toffeln dort unter zeitweiligem Wenden gold-
aten.
nehmen und überschüssiges Öl abgießen.
zugeben, fertig braten und mit Paprikapulver
ıen.

auseinander auf das Backblech, damit sie nicht weitergaren.
artoffeln, das sieht nicht nur schöner aus, sondern die

ca. 25 Minuten einfach

/ariationen (Foto siehe Seite 16)

eitung

rtoffeln waschen, schälen und in hauchdünne
en schneiden.In kaltes Wasser legen, um die
herauszuwaschen. Herausnehmen, abtrop-
d auf Küchenkrepp gut abtrocknen lassen.
ßen Fett portionsweise goldgelb backen, die
felscheiben dabei gut bewegen, sonst kleben
Boden fest.
felchips herausnehmen und auf Küchen-
entfetten lassen.
lz würzen und servieren.

Die Autoren bedanken sich bei den »So genießt Südtirol«-Partnern

www.forst.it

www.luchdapcei.it

www.galloni-meran.it

www.kueppersbusch.it

www.meinbeck.com

www.naegele.it

www.niederbacher.it

www.pircher.it

www.recla.it

www.resch.it

www.rieper.com

www.so-kocht-suedtirol.it

Kleines Küchenlexikon

In der Auflistung finden Sie Zubereitungsmethoden und handwerkliche Begriffe, die Ihnen in den Rezepten und im Kapitel Wissenswertes begegnen und über die Sie vielleicht noch einmal genau informiert werden möchten.

Austernkresse	Würzpflanze mit einem leicht salzigen, stark an Austern erinnerenden Geschmack
Brotklee	Schabzigerklee; wird als Brotgewürz verwendet
Burrata	Sonderform der Mozzarella; enthält eine sahnig-cremige Frischkäsefüllung
»Gourmet Hax«	Schweinshaxe mit Kräutern im Vakuumbeutel schonend gegart vom Produzent Recla
Körnersenf	Senf, der ganze Senfkörner enthält, z. B. Moutarde de Meaux
Mizuna	asiatischer Blattsalat; enthält wertvolle Mineralstoffe, Vitamin A, B und C sowie Folsäure; der Gehalt an Senfölen verleiht dem Salat einen würzigen Geschmack
Natronlauge	in Wasser gelöstes Natriumhydroxid (NaOH), das selbst verdünnt stark ätzend ist
Panko	japanisches Paniermehl aus Weißbrotkrumen
Provolone	italienischer Schnittkäse mit typischer Birnenform; gehört zu den Filata-Käsesorten
Quinoa	ist glutenfrei und eignet sich als Getreideersatz bei Glutenunverträglichkeit
Sauerteig	Triebmittel für die Herstellung von Backwaren (z. B. Roggenteigen); verbessert Verdaulichkeit, Aroma, Haltbarkeit und Geschmack von Backwaren
Shiso-Kresse	japanische Kresse; reich an Kalzium und Eisen; wird traditionell für Sushi verwendet
Smoker	Gerät zum Grillen, wobei die Speisen nicht direkt über der Glut oder dem Feuer liegen
Tofu	wird aus Sojabohnen hergestellt; kalorienarmer Eiweißlieferant für Vegetarier
Vinschgerlen	Fladenbrötchen aus Roggen-Weizen-Sauerteig; Spezialität aus dem Vinschgau
Wasabi	japanischer Meerrettich, wird als Pulver oder Paste angeboten und ist sehr scharf

Ländertypische Bezeichnungen

Öfters kommt es innerhalb der deutschsprachigen Länder zu Verwechslungen aufgrund von unterschiedlichen Benennungen. Die nachstehende Übersicht soll für Klarheit sorgen.

Südtirol/Italien	Deutschland
Faschieren	durch den Fleischwolf drehen
Germ	Hefe
Kren	Meerrettich
Melanzane	Aubergine
Peperoncino	Chilischote

Südtirol/Italien	Deutschland
Peperoni	Paprikaschote
Pinoli	Pinienkerne
Rucola	Rauke
Topfen	Quark
Vogelesalat	Feldsalat/Rapunzel

Register

Stichwörter mit roten Seitenzahlen befinden sich im Rezeptteil. Stichwörter mit **schwarzen** Seitenzahlen befinden sich im Abschnitt »Wissenswertes«.